Philippe Conticini
avec Patricia Khenouna

Cochon de lait

cherche midi

Vous pouvez consulter notre catalogue général et l'annonce
de nos prochaines parutions sur notre site :
www.cherche-midi.com

30, place d'Italie
75013 Paris

Mis en pages par Soft Office – Eybens (38)
Dépôt légal : septembre 2019
ISBN : 978-2-7491-5915-7

« Tout un homme,
fait de tous les hommes et qui les vaut tous,
et que vaut n'importe qui. »

Les Mots, Jean-Paul SARTRE

« Celui dont le visage ne rayonne pas
ne deviendra jamais une étoile. »

Le Mariage du ciel et de l'enfer, William BLAKE

« Brisez vos limites,
faites sauter les barrières de vos contraintes,
mobilisez votre volonté,
exigez la liberté comme un droit,
soyez ce que vous voulez être.
Découvrez ce que vous aimeriez faire,
et faites tout votre possible pour y parvenir. »

Jonathan Livingstone le Goéland, Richard BACH

Quand mon frère me l'a présentée, il y a trente-trois ans, j'ignorais qu'elle allait bouleverser ma vie. On n'oublie jamais ses toutes premières fois. Surtout lorsqu'elles ont embrasé démesurément vos sens. L'incendie que l'on croyait éteint se contente de couver dans les limbes du souvenir. Il suffit d'une étincelle, d'un rien, pour rallumer le feu…

6 mai 1986. Épaulés par notre père, restaurateur lui aussi, nous venions d'ouvrir deux jours plus tôt La Table d'Anvers, près de Pigalle, un quartier où les plaisirs de bouche relèvent d'un registre traditionnellement plus coquin. Notre établissement propose alors une cuisine d'auteur créative, à la portée de toutes les bourses et de tous les appétits : menu léger pour gens pressés, menus tout cochon, menu épices… Christian est en haut, derrière ses fourneaux ; Bibi est en bas, qui fait des gâteaux.

J'ai vingt-trois ans. Ma seule et unique obsession, vingt-quatre heures sur vingt-quatre, sept jours sur sept, ce sont mes gâteaux. Voilà cinq mois que je les peaufine au prix de nombreux essais, peu à peu transformés, puisant dans ma toute jeune expérience acquise auprès de grands noms de la profession, comme Lucien Peltier ou Jacques Chibois, au restaurant du Gray d'Albion, à Cannes. C'est dire si j'ai hâte de faire goûter mon chaud-froid de caramel au beurre salé, ou mon gratin de poires à la chicorée et crème frite.

Le minuscule labo de deux mètres sur deux dans lequel j'officie impose à ma corpulente stature des acrobaties de Sioux. Surtout les jours où il s'agit d'envoyer quatre-vingts couverts. Mais de quoi me plaindrais-je ? Depuis mes sept ans, je ne rêve que d'une chose : ouvrir un restaurant avec mon frère. Alors…

Christian a déjà en cuisine une personnalité singulière, et ses plats suscitent toute mon admiration par leur avant-gardisme. De nos jours, l'emploi de roquette sauvage, de vinaigre balsamique rouge ou de fleur de sel s'est banalisé, mais quand il usait de ces produits dans les années 1980, c'était du jamais vu, ou presque. On se pressera pour engloutir sa joue de cochon aux topinambours, son coco de lapin aux rutabagas – une merveille légèrement acidulée, qui mijotait à basse température pendant un jour et demi, et où le lait de coco et la coco râpée flirtaient avec le curry –; on se damnera pour sa salade de moules décoquillées montée en dôme accompagnée d'une sauce très assaisonnée à base de mayonnaise blanchie au vinaigre de miel, relevée au safran et agrémentée de basilic ciselé… Une symphonie de parfums!

Sur mes papilles comme dans mes neurones, ces goûts-là sont tatoués à vie. Les critiques ne s'y tromperont pas, qui qualifieront la cuisine de La Table d'Anvers d'une des plus modernes de France.

« Assieds-toi ! » m'intime Christian avant d'ajuster son tablier.

« Le temps de préparer, je reviens. »

Je rejoins la table numéro 20, celle qui jouxte les cuisines. Bien isolée des autres grâce à un rideau de lattes blanches qui module l'espace en fonction de l'affluence dans la salle, elle nous permet aussi de prendre nos repas à l'abri des regards. D'ici, j'ai également une vue imprenable sur le décor austère dont Christian a réglé les moindres détails, et qui en choquera d'ailleurs certains.

Il faut dire qu'en matière de provocation, mon frère a toujours fait preuve d'un zèle saisissant. De la peinture murale à la moquette à motifs posée de part et d'autre d'un passage en lino menant aux cuisines : tout est gris ! Nos fenêtres offrent la même singularité avec, en guise de rideaux, de simples bandes blanches collées sur les vitres. « Putain, mais c'est une prison, ce resto ! » s'était exclamé mon père lorsqu'il fut mis devant le fait accompli.

Moi, je suis hors débat. J'ai vingt-trois ans, et ma seule obsession, ce sont mes gâteaux.

J'attends depuis une vingtaine de minutes le retour de mon frère lorsqu'elle déboule devant moi. À l'instant même où on me la présente, mille frissons me parcourent l'échine. Les yeux mi-clos, je hume jusqu'à l'ivresse les exquis effluves qui émanent de son sillon, et qui me sont parfaitement inconnus.

« Mange pendant que c'est chaud ! » m'ordonne Christian, brisant l'état de sidération dans lequel elle vient de me plonger.

Partagé entre le désir de faire plus ample connaissance et l'irrésistible envie d'y poser les lèvres, je me contente de la reluquer sous toutes les coutures. Elle est si aguichante, avec sa trogne luisante, presque caramélisée, sa silhouette ronde, large, bien nourrie, et cette incroyable épaisseur d'au moins six centimètres. Je salive comme un fou. C'est la première fois de ma vie que je vais déguster une côte de cochon de lait, et ce spécimen me met littéralement en transe.

Tel un jouvenceau en proie à son premier émoi sentimental, je m'applique à prolonger les préliminaires, me livrant à une observation plus poussée de l'assiette. Aucun détail ne m'échappe. Pas même ce jus gras, brillant à souhait, qui la tapisse, ni cette purée de pommes de terre hyper foisonnée qui prolonge la fête. À en juger par leur aspect, les sucs de la viande ont manifestement été déglacés. Serait-ce au vinaigre ? Au vin blanc ? Un liquide acide, en tout cas. L'eau me monte un peu plus à la bouche. Pourvu que cette divine apparition tienne ses promesses à la dégustation. Il n'y a rien de plus frustrant qu'un plat qui joue les princesses et se transforme aussi sec en citrouille au premier coup de fourchette.

Je plonge la lame d'un couteau dans la bête. Dès la première bouchée, mes craintes s'évanouissent instantanément. À la fois fondante, craquante et croustillante – aujourd'hui, je dirais qu'elle « craquouillait » –, cette côte de cochon de lait rachète à elle seule toutes les semelles de porc sèches et archisèches que nous sommes quelques malheureux à avoir été injustement contraints d'avaler dans notre prime jeunesse. C'est simple, si l'on me demandait aujourd'hui de noter ce plat en termes de goût, d'émotion et de technique, je lui attribuerais vingt sur vingt, et trois étoiles pour la perfection de son équilibre.

« Dis-moi ce que tu en penses », intervient mon frère, impatient.

Le son de sa voix ne franchit pas tout de suite le seuil de mes tympans. Projeté dans une bulle de douceur totalement étanche au monde extérieur, je ne suis réceptif qu'à ce plaisir inouï qui augmente d'un cran à chaque nouvelle bouchée. Et lorsque le jus « mouille » plus ou moins par hasard la purée, enrobant voluptueusement mes papilles, mon excitation est à son comble. Le terme risque d'en déconcerter plus d'un, mais je jure que j'ai un véritable orgasme. Et le gourmand invétéré que je suis donnerait n'importe quoi pour en éterniser le cours.

« Alors, qu'en penses-tu ? » insiste mon frère.

Je consens cette fois à regagner le plancher des vaches, ne serait-ce que pour tenter d'analyser les dessous d'un tel choc gustatif. Apparemment, la viande a été saisie dans une poêle des deux côtés (le plus gras d'abord), avec quelques gousses d'ail et une poignée d'herbes aromatiques. Puis elle a rejoint directement le four dans son contenant pour une durée de douze à quinze minutes. Salée sur une seule face – celle qui cuit en premier –, elle m'a été présentée de l'autre dans l'assiette, non sans avoir au préalable reposé un temps sur une grille, juste au-dessus des fourneaux. Histoire de conserver parfaitement sa chaleur.

« Je n'ai jamais mangé ça de ma vie ! finis-je par articuler. Mais comment fais-tu ?

— L'assaisonnement », lâche Christian laconiquement.

L'assaisonnement ? Que diable voulait-il dire ? Aurais-je pu me douter que ce mystérieux sésame m'ouvrirait les portes d'un univers quasi illimité ? Un univers où la recherche du goût, véritable bras armé de l'émotion, allait devenir mon Graal absolu. Rien ne m'importerait davantage que d'éprouver à nouveau ces mêmes frissons exquis, et les provoquer, à mon tour, à travers ma pâtisserie. Dussé-je pour cela balayer mes croyances et remettre les compteurs à zéro.

Il me faudra plusieurs années d'observations, de tâtonnements, d'expérimentations

– d'échecs, aussi – avant de maîtriser ce fameux assaisonnement sur le bout des papilles, de le sublimer et d'aller encore bien au-delà. Jusqu'à me livrer « tout nu » dans mes gâteaux.

Mais ne brûlons pas les étapes. Pour l'heure, j'ai vingt-trois ans, et je m'apprête à naître.

J'ai passé mon enfance à rêver. À spéculer sur mon avenir. Combien de fois ai-je répété « Quand je me marierai », « Quand j'aurai un enfant », « Quand je serai pâtissier »... Vaine litanie dont l'unique vertu consistait à faire passer la pilule d'un présent trop pesant. Jusqu'au jour où j'ai décidé de vivre ma vie pour de vrai.

Il n'y a pas eu de déclic particulier. Juste une cascade de rebondissements heureux, et malheureux, qui ont fait de moi ce que je suis. Quoi qu'il arrive, je ne me suis jamais apitoyé sur mon sort. Pas même lorsque, à la suite d'une opération qui aurait dû être « banale », j'ai dû passer seize mois à l'hôpital, subir trente-quatre opérations du ventre, survivre à deux mois de coma, six mois de réanimation, pour finalement perdre soixante-quinze pour cent de l'usage de mon membre supérieur droit.

Tout ce qui ne nous tue pas nous rend plus fort. Cela aura été particulièrement vrai pour moi. On m'a parfois qualifié de « survivant ». J'ai avant tout la foi, la certitude qu'il y aura toujours de la lumière, et cette envie irrésistible, ce besoin de partager.

Car j'ai eu ce que l'on appelle une enfance gratinée. Et, pour un fils de restaurateurs qui a poussé dans le ventre d'une cuisine, le terme n'a hélas rien d'une galéjade. Certes, je n'ai été ni frappé, ni torturé, ni violé. Mais, de ces premières années de ma vie, je me rends compte que je garde de profondes blessures. Si des centaines de milliers de personnes portent une croix bien plus lourde que la mienne, il y a une somme de douleurs considérable ancrée en moi. J'ai appris à vivre avec certaines. J'en ai apprivoisées plusieurs. Notamment grâce au soutien indéfectible d'Anne-Lise, la femme qui partage ma vie depuis vingt-trois ans. Cependant, leur empreinte est si profonde que même son amour inconditionnel ne parviendra sans doute jamais à les effacer définitivement.

Tous les gens qui auraient dû m'aimer m'ont fait du mal. Mon père, mon frère, y compris ma mère qui, si elle nous aimait, Christian et moi, n'a jamais su nous le montrer. Comment aurais-je pu lui en vouloir et lui adresser le moindre reproche ? Sa propre mère la traitait comme une moins que rien, son père la maltraitait, son mari l'humiliait, et la relation avec son fils – mon frère – était tout sauf rose.

Lorsque, sept ans après la naissance de Christian, elle a voulu avoir un deuxième enfant, mon père s'y est opposé. Un seul lui suffisait amplement. Pour avoir grandi à coups de nerf de bœuf dans un orphelinat, il se contentait d'appliquer à son rejeton l'unique modèle d'éducation « à la dure » qu'il connaissait. Aussi, quand ma mère a été enceinte de moi, elle a d'entrée de jeu mis les choses au clair : « Celui-là, tu ne le toucheras pas ! » « OK, a répondu mon père… Dans ce cas, démerde-toi pour aller à l'hosto, pour accoucher et pour l'élever. Je ne m'en occupe pas. »

Globalement, il a tenu parole.

Peu de temps après ma naissance à la maternité de Choisy-le-Roi, le 16 août 1963, mes parents s'installent à Vitry-sur-Seine, où ils achètent un routier. C'est là que je vais passer les six premières années de ma vie.

Mon père mise beaucoup sur ce restaurant. Conscient de sa modeste condition, il a compris depuis longtemps que le seul moyen de s'en sortir et de gagner de l'argent, c'est de trimer comme un forcené. Quel que soit l'emploi qu'il a occupé, il s'est toujours porté volontaire pour mettre les bouchées doubles. Y compris à l'usine, où il se proposait souvent pour faire les trois-huit.

« Moi, j'ai eu deux bacs, dans ma vie. Un à droite, un à gauche ! » avait-il coutume de dire, paraphrasant Paul Bocuse. Une allusion non pas à son bagage intellectuel, mais à ses débuts de plongeur dans un bar-restaurant de La Varenne-Saint-Hilaire. Voyant qu'il dépotait sévèrement, le patron l'avait rapidement fait monter en grade. De préposé aux cafés à l'office, mon père était passé barman, puis serveur en salle.

C'est là que son rêve de restaurant s'était affirmé. Le routier de Vitry lui offrait non seulement l'opportunité de mettre du beurre dans les épinards, mais aussi d'effacer le souvenir humiliant de son repas de noces, dont le menu se résuma à une malheureuse boîte de sardines et une poignée de petits pois…

Nous vivons alors à quatre dans un deux pièces très modeste situé juste au-dessus du restaurant. Tandis qu'il s'affaire en salle, ma mère apprend à cuisinier avec une dame d'origine portugaise. Au début, il n'est question que de steak frites & co. Avec son gros chignon, sa jupe noire et son tablier blanc, Yvette, la serveuse, fait partie du décor. Elle m'aime bien, Yvette. Quand je me suis pris son plateau en inox en pleine poire alors qu'elle sortait de la cuisine, elle n'y était pour rien, la pauvre. Bilan : arcade sourcilière ouverte, et points de suture sans anesthésie. À cinq ans, cela vaut bien quelques hurlements de douleur.

Peu de temps après, ayant confondu la rampe d'escalier avec une piste de bobsleigh, je faisais subir le même sort à l'autre arcade sourcilière, offrant à mes cordes vocales une deuxième occasion d'exprimer l'étendue de leur palette. Je crois bien que c'est à ce moment-là que j'ai entendu pour la première fois mon père dire à ma mère : « Ton fils est vraiment con ! »

Ce ne fut pas la dernière.

« Si tu n'avais qu'une chemise, tu la couperais en deux pour en faire profiter les autres », disait souvent ma mère. Elle me connaissait par cœur. Depuis que je suis haut comme trois pommes, je suis un garçon profondément gentil.

Trop bon, trop con ? Pour mon père, l'équation n'a jamais fait aucun doute.

« Dans la vie il ne faut pas tergiverser : d'abord on s'impose, ensuite on discute. Toi avec ta tare et tes bonjour pardon, tu n'arriveras jamais à rien. Travaille et gagne de l'argent ! » me répétait-il en me traitant régulièrement de « merde ». Dieu sait si je le craignais ! Pourtant, jusqu'à ce qu'il rende son dernier soupir en 2001, je n'ai jamais cessé de chercher son amour.

J'ai six ans. Ce soir-là, la télévision diffuse *Nosferatu le vampire*, la célèbre adaptation de *Dracula* tournée en 1922 par Murnau. On m'a bien entendu interdit d'écran, mais, submergé par la curiosité, je ne peux m'empêcher d'entrouvrir la porte de ma chambre. Les mains griffues du monstre dont le jeune héros subit les morsures répétées me tétanisent sur place. Ainsi, tout s'explique. La peur irrépressible que m'inspire mon père est donc bien la preuve de l'existence des vampires !

Cet épisode exerça sur moi le même effet que la fleur de sel sur un plat : il fut un vecteur de goût — en l'occurence de stress —, qui prolongea longtemps la sensation. Et, même si j'ai fini par me faire une raison en grandissant, jusqu'à l'âge de dix-huit ans, il me fut impossible de m'endormir sans un drap monté jusqu'aux sourcils.

Je ne dis pas que nous n'avons pas eu des moments de complicité, mon père et moi, mais ils ont été si fugaces que je les ai oubliés. Quand nous partions en vacances, par exemple, il faisait systématiquement la gueule. Pour un rien. Je me souviens notamment d'un séjour à Grau-de-Gandia, à une soixantaine de kilomètres au sud de Valence, où une partie de baby-foot vira au cauchemar.

Christian devait avoir treize ans. Voyant qu'il était en train de perdre, il saisit la balle et, de rage, la balança de toutes ses forces sur le jeu. Par quel hasard extraordinaire elle atteignit mon père, ça, je me le demande encore. Ivre de rage, ce dernier attrapa une queue de billard et se mit à poursuivre mon frère, qui avait déjà pris la poudre d'escampette pour se réfugier dans la maison.

« Je vais te la défoncer sur la gueule ! » hurlait-il.

J'étais terrorisé.

Si ma mère ne s'était pas interposée, il serait probablement passé à l'acte. Tout ça pour un mouvement d'humeur qui ne le concernait même pas. Que Christian subisse ce genre de scènes et que j'en sois, du moins en était-il convaincu, épargné, voilà qui révoltait mon frère. Pourtant, en matière de branlées, moi aussi j'ai eu plus d'une fois mon compte. Le coup partait souvent sans que je sache pourquoi.

Comme ce jour où mon père était venu me chercher à la sortie de l'école primaire. Je venais de terminer une partie de billes avec mon copain Khaled. Sur le chemin du retour, le silence de mort régnant dans la voiture me fit craindre le pire. Qu'avais-je fait qui ait pu le contrarier à ce point ? À peine étions-nous rentrés à la maison que, bam, je reçus une branlée.

« Ça t'apprendra à discuter avec des Arabes ! » me dit-il.

J'étais abasourdi. (Inutile de préciser que cela ne m'a pas empêché de revoir mon camarade.)

Une autre fois, c'est dans la salle du restaurant que je fus victime de son humeur de dogue. Je devais avoir quinze ans. Je m'apprêtais à lui dire bonjour lorsque je fis sept fois le tour de mon slip sans toucher l'élastique. La force de cette baffe !

« Ça t'apprendra à saluer le personnel avant moi. »

Comment aurais-je pu agir autrement ? Je ne l'avais pas vu. Il était en train de s'occuper des fleurs dans un renfoncement.

À peu près à la même époque, je me suis même pris une tarte parce qu'il avait trouvé une pièce de deux francs par terre dans le salon.

« Mais qu'est-ce que j'ai encore fait ? m'indignai-je.

— L'argent, ça se respecte. Tu apprendras qu'on ne le laisse pas traîner n'importe où ! »

Je ne pouvais pas avoir semé cette pièce, je n'avais jamais d'argent sur moi…

Des scènes comme celles-ci, j'en ai donc vécues. Certes, pas autant que Christian – l'injonction de ma mère exhortant mon père à m'épargner ayant sans doute porté quelques fruits –, mais tout de même.

Mon père avait-il des excuses pour se comporter ainsi ? Je ne sais pas, mais des explications, oui, il y en a.

Je savais qu'il avait grandi dans un orphelinat, mais les détails de cette période sombre de sa vie m'étaient inconnus. Pour quelles raisons jugea-t-il utile de me les livrer seulement quatre ans avant sa mort ? Je l'ignore.

À l'époque, il était encore aux commandes du Restaurant de la Tour, une cantine à l'ancienne du 15e arrondissement, où la joue de bœuf, la terrine de boudin noir et les oreilles de cochon en salade faisaient leur petit effet.

Cet après-midi-là, après le service, alors que nous parlons de choses et d'autres, le voilà en veine de confidences. J'apprends qu'après la séparation de ses parents, son père, incarcéré pour dette de jeu, ne trouva rien de mieux que de poignarder un détenu en prison – ce qui doubla la durée de sa peine. Comble de l'horreur : il finira lui-même assassiné.

En attendant, sa mère se retrouva seule, sans un sou, avec trois marmots sur les bras. Plutôt que de leur faire subir le poids de cette misère absolue, elle jugea plus raisonnable de les placer dans un orphelinat à

Divonne-les-Bains, non loin du domicile familial. Au moins seraient-ils nourris et éduqués, pensait-elle. Il se passa exactement l'inverse. À quatre, cinq ans, les malheureux y étaient copieusement battus pour un rien et privés de nourriture. Pour survivre, ils devaient manger des vers de terre ! En guise de punition, on les faisait marcher sans chaussures dans des champs de blé fraîchement coupés, dont ils revenaient la plante des pieds en sang.

Lorsque mon père quitta cet endroit sordide, à dix-sept ans, il souffrait d'une telle dénutrition que sa croissance ne se déroulait pas normalement. D'ailleurs, il ne dépassa guère 1,72 mètre. Histoire de s'assurer qu'il ne faisait pas de cinéma, on le laissa moisir dix jours à l'infirmerie. Jusqu'à ce qu'on se rende compte qu'il était réellement en train de mourir. Il fut alors envoyé d'urgence à l'hôpital, où il parvint à reprendre du poil de la bête au bout d'un an de cure de vitamines et de compléments alimentaires en tous genres.

69, année érotique, susurrait langoureusement Jane à Gainsbarre. Pour moi qui viens de souffler mes six bougies, les réjouissances sont beaucoup plus prosaïques.

Nous changeons de crémerie. Direction Villemomble, où mes parents viennent d'acheter un nouveau restaurant. Je revois encore la cuisine tout en longueur, en forme de L. Une porte donne dans la salle, une autre mène à l'escalier desservant deux pièces à vivre, juste au-dessus de l'établissement où se trouvent ma chambre, celle de mon frère, le salon faisant office de chambre parentale, ainsi qu'une petite salle de bains.

De mon lit, j'entends tout ce qui se passe en bas. Et le vendredi soir, avec les repas de noces, ça fait un barouf d'enfer. Quatre salles, quatre mariages. Pas d'enterrement, Dieu merci ! Mais soixante à quatre-vingts convives par mariage. Animation garantie. Surtout lorsque mon père s'engueule avec les types bourrés. Heureusement que l'omelette norvégienne flambée en direct devant les convives met tout le monde d'accord.

Deux ans plus tard, mes parents cassent tout et transforment l'endroit en un magnifique établissement haut de gamme. Exit le steak-frites. Place aux plats gastronomiques. Voici le Restaurant du Parc ! Ma mère multiplie alors les stages dans les grandes maisons pour se perfectionner, et croise la route de pointures, comme Jacques Manière, Michel Guérard ou Bernard Loiseau. S'ouvrant peu à peu à la nouvelle cuisine, elle décrochera même une étoile en 1974, et la note de quinze sur vingt au Gault & Millau, où l'un des fondateurs, Henri Gault, la qualifiera d'une des trois meilleures cuisinières de France.

Le Restaurant du Parc devient l'établissement le plus coté du 93, que l'on n'avait pas encore rebaptisé « neuf-trois ». Ne serait-ce que pour son imposante table des desserts, où œufs à la neige, salades de fruits, tartes Tatin, mousses au chocolat – j'en passe et des meilleures – crânent dès le début du service. Il va sans dire que tout est frais. Cuit matin et soir, à chaque service. Déjà tout émoustillé à l'idée de déguster la noisette de cochon aux pruneaux fondante de ma mère, pas un convive ne peut résister à ces tentations diaboliques.

Personnellement, je suis incapable de renoncer à la Tatin ou à la brioche qu'elle fait cuire dans des boîtes de conserve chemisées de papier sulfurisé, et dont elle réalise systématiquement six ou sept exemplaires de folie. Et je fais plus souvent qu'à mon tour un sort à la mousse au chocolat, dont la recette m'est restée en mémoire : crème entière montée, sucre, beurre, blancs et jaunes d'œufs. Il y a plus léger, mais cela correspondait aux goûts de l'époque. J'en ai gardé un souvenir si émerveillé que, dans l'espoir de retrouver les mêmes sensations, j'ai tenté de la refaire, il y a une dizaine d'années (en l'allégeant un peu, je le confesse !).

Si le festival de desserts constituait donc l'une des curiosités de notre établissement, le plateau d'une quarantaine de fromages, ainsi que la table des pains dominée par une imposante pièce montée de pains au pavot, aux graines et tutti quanti complétait le tableau. En 1973, je peux vous certifier que la chose n'était pas courante.

Grandir dans cet univers, avec pour mètre étalon la réussite de mes parents, conditionna fatalement mes rêves d'enfant. Aussi, dès l'âge de sept ans, je me forgeai un avenir autour des fourneaux. Et si je ne me suis jamais dit

« Un jour, je serai cuisinier ou pâtissier », je ne cessais de répéter : « Un jour, j'ouvrirai un restaurant avec mon frère »...

J'adorais traîner dans le restaurant. Le samedi soir, quand les plateaux croulaient sous les petits fours, je louchais sur l'assiette de carolines. J'étais littéralement dingue de ces petits éclairs au café d'un goût exquis (l'éclair au café a toujours été mon chou à la crème à moi).

Surtout, ne pas se faire repérer. Un coup d'œil à gauche, un coup d'œil à droite, la voie est libre. Une fois arrivé dans ma chambre, je n'ai plus qu'à engloutir le plus rapidement possible la dizaine de carolines que je viens de subtiliser, avant de redescendre en cuisine et de glisser l'assiette à la plonge, ni vu ni connu je t'embrouille.

Vers dix-neuf heures, juste avant le service, le rituel est réglé comme du papier à musique : Fernande, la sous-chef, me demande ce que je veux manger. Dès que je l'entends crier « Philiiiiippe ! », je descends, je récupère l'assiette qu'elle a déposée au bas de l'escalier et j'en avale le contenu en solo dans ma chambre.

La plupart du temps, mon repas se compose de plats figurant à la carte : noisette de porc aux pruneaux et son jus de cuisson avec garniture de pâtes ou de purée, raie au beurre de framboises – transformé en beurre blanc spécialement pour moi –, salade folle avec lichettes de foie gras, etc.

Lorsqu'en 2013 il me faudra plancher sur des plats de terroir comme le chou farci, la côte de cochon charcutière, la souris d'agneau ou le navarin d'agneau, pour les besoins de *Mes recettes cultes* *, le livre que j'ai rédigé en collaboration avec Philippe Boé, j'ai dû vérifier les recettes de base sur Internet avant de lâcher les chevaux de la création.

« Tu ne connais donc pas ces plats ? s'était étonné Philippe. On en a pourtant tous mangé dans notre enfance. Pas toi ? »

Eh bien non. À part la dinde aux marrons que ma mère servait chaque année à Noël sous peine d'émeute collective, je n'y ai jamais eu droit.

« Tu as donc été biberonné à la nouvelle cuisine ! » s'est-il exclamé.

C'est ça. Et je ne m'en étais jamais rendu compte…

J'adorais ces plats. Manger la même chose pendant une semaine ne me dérangeait

---

* Aux éditions Gründ.

absolument pas. Je me souviens d'ailleurs avoir refait la noisette de porc à des amis quand je suis parti travailler chez Chibois, à Cannes. Ils m'en parlent encore.

En fait, j'ai beaucoup appris en regardant ma mère cuisiner. À la grande joie de mes amis, pour lesquels je mitonnais régulièrement des plats simples – risottos, pâtes, poisson, etc. Parfois, il m'arrivait de revenir du restaurant avec un morceau de viande et un bol de sauce. Je prenais déjà un plaisir fou à mélanger plein de goûts et à régaler mon entourage. Les filles aussi appréciaient. Et comme j'avais plus de mal à dégoter une petite amie qu'à faire la cuisine, pourquoi m'en serais-je privé ?

Sans m'en rendre compte, j'ai commencé trés tôt à exercer mon palais. Et – fait rare pour un gamin de sept ans – rester deux heures à table sans planter la famille pour aller jouer au train électrique n'exigeait de moi aucun effort particulier. J'avais l'habitude d'accompagner mes parents lorsqu'ils faisaient la tournée des grands-ducs. Partis dès l'aube, nous roulions parfois des heures avant d'atteindre les établissements d'exception. Pour nous rendre chez Haeberlin, à l'Auberge de l'Ill (Illhaeusern, Haut-Rhin), nous avions même fait l'aller-retour dans la journée. Comme tous les gosses de mon âge, je préférais commander un steak-purée, frites ou coquillettes (dans ce genre de lieu, le steak-frites est toujours cuit à la perfection !), mais j'acceptais de goûter les autres plats.

De tous les étoilés célèbres – Troisgros, Guérard, Haeberlin, Pic, etc. – où nous nous sommes restaurés, c'est incontestablement Bocuse, à Lyon, qui m'a le plus marqué.

Sachant que mes parents étaient restaurateurs, Monsieur Paul leur avait fait visiter son fief. Je garde un souvenir émerveillé de l'imposant limonaire qui était la pièce maîtresse de ce grand collectionneur d'orgues, un Gaudin de six mètres de haut et douze de large, équipé de huit cent quarante tuyaux ! Fidèle à ma sempiternelle assiette de viande-purée-coquillettes, j'avais moyennement apprécié le filet de bœuf maître d'hôtel sauce au vin et ses truffes d'été que ma mère avait commandé, mais il m'avait fait diablement saliver à son arrivée. Et le simple fait d'en évoquer ici le souvenir remet illico mes papilles en émoi.

À part le dimanche, où mes parents se libéraient à dix-sept heures, ils travaillaient sans répit. Mon père estimait que, tant qu'il n'avait pas mis beaucoup de fric de côté, il n'avait pas un sou. Pendant vingt ans, l'un et l'autre ont donc trimé quinze heures par jour, ne s'octroyant qu'une maigre demi-journée de repos par semaine. Contrairement à mes camarades de classe, qui attendaient avec impatience les fêtes de Noël, moi, les réveillons, je ne connaissais pas.

Jusqu'à ce que je rentre en classe de sixième, je me retrouve donc le plus souvent seul, livré à moi-même. À quatorze ans, mon frère a d'autres chats à fouetter que de tenir la chandelle à un mioche de sept balais. Mon seul doudou, mon confident, c'est Wolf, le chien. Dès l'âge d'un an et demi, je fourrais ma tétine dans sa bouche, puis dans la mienne, répétant inlassablement : « Un coup moi, un coup toi, un coup moi, un coup toi… » Ma mère avait beau changer mes tétines, je remettais ça de bon cœur. Le berger allemand se laissait faire sans broncher et me passait tous mes caprices. Y compris lorsque je lui mordillais tendrement l'oreille, ou que je le prenais pour un cheval de course, cramponné à son cou.

En 1972, une nouvelle page se tourne. Mes parents, dont l'affaire commence à rapporter, achètent un appartement dans une résidence flambant neuve. Adieu mariages bruyants et convives pompettes. Les sons du restaurant ne sont plus qu'un lointain souvenir. Nous emménageons à deux cent cinquante mètres de l'établissement, dans un plus de deux cents mètres carrés, avec deux jardins privatifs et équipements dernier cri : salle de bains en marbre noir, baignoire ronde ornée de cygnes en plaqué or, bureau Napoléon… Le nec plus ultra ! Enfin, en apparence. Car ma solitude, elle, grandit d'un cran.

Désormais, mon apport quotidien en calories n'est plus assuré par la sympathique Fernande, mais par un frigo que maman remplit quotidiennement – et que je prends soin de vider scrupuleusement. Rien n'est trop excessif pour combler le vide affectif dont je souffre. Je n'ai qu'à me servir. Et mon poids me le rend bien.

À douze ans, j'avais instauré un protocole, qui consistait à m'installer confortablement devant ma série préférée, *La Planète des singes*, et à engloutir des sandwiches pantagruéliques, dans lesquels je superposais tout ce qui me tombait sous la main entre deux morceaux de baguette. Une quinzaine d'ingrédients pouvait entrer dans la composition de ces cale-faim : sauce tomate en boîte, moutarde Savora, jambon, Ketchup, fromage bien crémeux type Caprice des dieux, cornichons… Ce mélange de textures et de saveurs que je prenais soin de ne surtout pas dissocier en bouche me procurait un plaisir intense. Je ne connaissais pas meilleur pansement à la solitude.

Même si les livres culinaires de ma mère titillaient ma curiosité, certains, à l'instar de *Faites votre pâtisserie comme Lenôtre*, du célébrissime Gaston, me semblaient inaccessibles. Pourtant, à onze ans, j'ai osé franchir le pas, sollicitant la permission d'utiliser la cuisine les dimanches après-midi, pendant les heures de fermeture du restaurant. Elle me fut accordée.

Après que Fernande m'a indiqué où se rangeaient le sucre, le praliné et la farine, je me suis lancé dans une recette de génoise, que j'ai coupée en deux, imbibée d'un sirop, puis fourrée d'une crème pâtissière au praliné. Avec son décor de sucre glace et d'amandes effilées sur le pourtour, ce tout premier gâteau fit l'unanimité. En entendant mon oncle dire : « C'est bon, Philippe ! », je ressentis une immense fierté. Non seulement ce compliment me valorisait, mais il sous-entendait que je pouvais donner du plaisir aux autres.

Les dimanches suivants, je récidivai. M'attaquant successivement à la pâte à chou, à la charlotte, à la crème glacée. Plus seulement pour entendre que je régalais mes hôtes, mais aussi pour jouir de cet instant éphémère rien qu'à moi. Et cela valait toujours mieux que d'être moyen à l'école.

On m'a souvent reproché de partir dans des délires. À l'école, déjà, mes rédactions étaient systématiquement hors sujet. En quatrième, le professeur de français nous avait demandé de raconter un film que nous avions particulièrement aimé. But de l'exercice : juger nos capacités de synthèse en nous imposant une construction carrée – introduction, développement, conclusion. Mais une fois de plus, je m'étais étalé sur huit pages, décrivant scrupuleusement la moindre scène, jusqu'aux ébats les plus torrides des héros. Non par provocation, mais parce que j'accorde une importance cruciale aux détails.

Aujourd'hui, quand je pense à ce petit Philippe, à ces « défauts », j'y vois le signe d'une personnalité extravertie et d'une sensibilité exacerbée, qui m'ont parfois joué quelques tours et n'ont pas toujours été très lisibles pour mon entourage. Patrice Guermonprez, avec lequel j'ai partagé un bout d'apprentissage à l'excellente pâtisserie Nezard à Paris, et qui est aujourd'hui professeur à l'école de cuisine Ferrandi, m'a avoué un jour : « On t'aimait bien, mais tu étais à l'ouest !... » Puis il a ajouté : « À force d'être barré dans tes rêves, tu es quand même devenu un pâtissier vedette trente ans plus tard. »

Y a-t-il un lien ?

Au Gray d'Albion, où j'ai travaillé comme commis en 1984, je me souviens que, contrairement aux garçons qui rechignaient dès qu'il s'agissait de plancher sur les desserts destinés aux clients diabétiques, j'y voyais un moyen de laisser s'exprimer ma créativité. J'avais aussi l'impression que, avec une cuillère, je pouvais « peindre ». C'était bien plus que réaliser des décors.

« Pourquoi ne créerais-tu pas une carte des desserts ? » m'avait alors suggéré Jacques Chibois.

Pourquoi Jacques Chibois, chef du Royal Gray à l'hôtel Gray d'Albion, premier restaurant de la ville de Cannes à avoir décroché deux étoiles au Michelin, s'adressait-il en ces termes à un petit jeune homme de vingt ans ? Voulait-il me faire plaisir ? Ou avait-il décelé en moi un talent précoce ?

Un soir, pendant le service, il vint me retrouver en cuisine alors que j'étais en train de poêler les pommes du millefeuille croustillant. Après avoir goûté le reste de sauce caramel, il me prit par l'épaule. Nos rapports étaient généralement extrêmement tendus. Allais-je me prendre une soufflante ? Non, pas cette fois.

« Est-ce que tu goûtes ta sauce ? me demanda-t-il.

— Non.

— Comment la fais-tu, alors ?

— Comme on me l'a appris, à la couleur.

— Le goût, c'est très important, tu sais… »

Cette phrase n'était pas tombée dans l'oreille d'un sourd. Bien au chaud dans mon inconscient, elle attendait sans doute un détonateur pour refaire surface.

La côte de cochon de lait en alluma la mèche.

J'ai quinze ans quand mes parents divorcent. Compte tenu de la médiocrité de leurs rapports, je savais que cela devait arriver un jour, mais je l'ai très mal vécu. Ma mère était incapable d'assurer la gestion du restaurant, et elle commet une grave erreur en voulant le garder. Voir le restaurant partir en sucette me fendait le cœur. Lorsqu'elle décide de remplacer l'argenterie par des couverts en inox, c'est le coup de grâce…

À force d'intérioriser tout cela, je me sentais de plus en plus mal dans ma peau, et je n'avais qu'une idée en tête : quitter le noyau familial. J'ai bien cru que l'armée m'en offrirait l'occasion lorsque j'ai été appelé à la fin de mon apprentissage, à vingt ans. D'autant plus que j'avais demandé la marine. Mais mes cent trente-quatre kilos ont été dissuasifs. « Réformé P3, à vie », spécifie la mention inscrite en diagonale sur le document.

Ce refus – ou plutôt devrais-je dire ce rejet – m'a rendu si malheureux que, de retour à la maison, je me suis enfermé pendant huit jours. Et j'ai bouffé.

Quelques semaines plus tard, histoire de me changer les idées, je rejoignais mon frère et sa compagne à Cannes. La région me plut immédiatement. Christian étant sous-chef au Martinez, il réussit à me faire entrer au Gray d'Albion.

Le lendemain du jour où mes papilles rencontrèrent cette côte de cochon de lait mémorable, Christian en remit une couche.

« Assieds-toi, je vais te faire goûter mon hamburger de ris de veau. »

Moi qui détestais le ris de veau ! Pour me faire avaler cet abat délicat et fort prisé des gourmets, il fallait se lever tôt. Mais mon frère avait plus d'un tour dans son sac. Une belle tranche de cheddar, de l'oignon cru, de la salade, des buns maison, une sauce très tomatée et acidulée relevée d'une pointe de safran, une mayonnaise blanchie au vinaigre de miel, divinement assaisonnée d'un mélange d'ail, aneth, ciboulette, poivre, fleur de sel… Et emballé, c'est pesé.

À mesure que je dégustais ce plat, je ressentais une émotion quasi similaire à celle que m'avait procurée la côte de cochon de lait. Pour obtenir une caramélisation parfaite du ris de veau, Christian l'avait singé de fécule de maïs, puis poêlé dans un mélange d'huile et de beurre. Sa croûte craquante, son cœur ultrafondant, eurent raison de mes préjugés.

Le surlendemain, j'eus droit à une viande hachée coupée au couteau, façonnée comme un steak, avec un jus gras d'exception. Et lorsque, une semaine après, il me fit le coup de la blanquette, ce fut Mururoa ! Pensez : une sauce blanche comme neige... Je n'avais jamais vu ça. Le critique culinaire Christian Millau non plus, qui la qualifia quelques années plus tard de « plat d'anthologie ».

Au lieu de cuire légumes et viande ensemble, comme c'est généralement l'usage, mon frère faisait chauffer de l'huile à quatre-vingts degrés et la versait sur les légumes pour les laisser mariner une nuit entière, avant de leur remettre un petit coup à quatre-vingts le lendemain. Une fois dégraissés, ceux-ci étaient comme pochés. C'est la raison pour laquelle ils étaient terriblement fondants. La viande, elle, cuisait dans un bouillon très clair. Le temps de réaliser une sorte de béchamel et, hop ! il réunissait le tout. Résultat : le bouillon conservait le blanc de la crème, et chaque élément s'imprégnait du goût de l'autre. Et sa botte secrète ? Un trait de jus de citron frais et des feuilles de mélisse frites ajoutées au dernier moment. Une merveille !

Je n'ai oublié aucun des plats que Christian m'a fait goûter : ni la roquette de saumon sauvage – moi qui croyais que la roquette était une bombe, pour le coup c'en était vraiment une ! –, ni la crépinette de pieds de cochon, ni les navets à la moutarde de Meaux…

«J'ai commencé à utiliser des techniques de cuisine dans ma pâtisserie. Qu'en pensez-vous, Philippe ? » me demande Cédric Grolet, le chef pâtissier du Meurice, lors de notre première rencontre en 2013.

Je souris.

Assaisonnement ! Depuis l'épisode de la côte de cochon de lait, ce mot tourne en boucle dans ma tête. Il occupe mon esprit. D'autant que mon frère ne me fournit aucune explication. Plus je songe à mes pâtisseries, plus je m'interroge. Moi aussi je veux qu'elles aient ce supplément d'âme. Comment faire en sorte qu'elles parviennent à chambouler mes sens ?

J'avais ouvert la boîte de Pandore…

Dans la minuscule cuisine dont nous nous partageons l'espace, Christian et moi travaillons presque au coude à coude. Tout en pochant mes crèmes, je l'observe en silence, du coin de l'œil. Chaque fois que je l'entends parler technique, condimentation, je tends l'oreille. N'ai-je pas tout à apprendre ? De toute façon, c'est le seul moyen dont je dispose pour redémarrer à zéro.

Braisages, jus courts, purées, bouillons, consommés – pratiquement tout ce qu'il est possible de faire en cuisine, je l'ai tenté en pâtisserie. J'ai même piqué des fruits à la seringue ! Mon frère utilisait bien ce procédé sur du poulet, pourquoi n'aurait-il pas fonctionné sur un fruit ?

Tenez : une pomme verte gorgée de cuisson, par exemple. Il suffit de démarrer un jus avec du sucre, du beurre, de la fleur de sel, de la vanille, et un peu d'anis étoilé pour la rondeur. Le jus de pomme verte brut, moi, ça ne m'intéresse pas. C'est le mélange de ces différents goûts qui tripote les papilles ! Au fur et à mesure de sa concentration, le socle d'assaisonnement va donner un sacré peps à la pomme. En la faisant rôtir, je l'arrose régulièrement dans le four avec son propre jus, comme une volaille, et je prélève ensuite quelques gouttes à la seringue, pour piquer le fruit dix minutes avant la fin de sa cuisson. Exactement comme lorsque l'on ajoute de la fleur de sel sur un poisson avant d'envoyer en salle…

Je vous l'ai dit : la cuisine de mon frère était très avant-gardiste. Christian avait fait ses classes dans de grandes maisons. Chez Jacques Manière (Dodin Bouffant), où il assurait deux cent cinquante couverts tous les soirs ; auprès de Jean-Paul Bonin (Le Crillon) ; avec Christian Willer (Le Martinez, à Cannes), dont il était le sous-chef ; ou encore André Daguin (Le Vert Galant, à Paris).

Sa spécialité, c'étaient les jus courts. Une pratique peu commune dans ces années 1980 où la plupart des cuisiniers se servaient d'un fond de veau ou de volaille pour mouiller une viande dont ils avaient déglacé les sucs.

Qu'est-ce qu'un jus court ?

Imaginons que vous venez de désosser un pigeon à sa sortie du four. Vous reprenez la casserole où il a cuit, en ôtez le gras et déglacez les sucs avec une acidité. Puis vous ajoutez les carcasses et mouillez avec un bouillon à feu vif, jusqu'à réduction. Vous obtenez ainsi un jus goûteux, qu'il suffit de filtrer puis de monter au beurre, selon vos envies. C'est cela, un jus court. Et, contrairement au fond de veau, de volaille ou de poisson, qui mettent quarante-huit heures à cuire, il se fait au moment – d'où son nom.

Christian avait aussi une vision bien particulière de la sauce bordelaise. Cette sauce brune déglacée au vin rouge requiert généralement un long temps d'exécution, mais lui, en une heure et demie à peine, elle était pliée. Il la faisait réduire en une seule fois, même pas « à glace », avant de la lier aux deux tiers de sa réduction avec un peu de fécule de maïs. Il va sans dire qu'il avait au préalable rigoureusement sélectionné son vin et soigné l'assaisonnement. Aussi luisante que nappante, sa sauce avait une de ces patates !

Le procédé m'interpellait. Pourquoi ne m'appuierais-je pas moi aussi sur le principe de la marinade ou de la maturation pour réaliser des jus courts de fruits ?

Profitant de la pleine saison de la fraise, j'imaginai alors un dessert que je baptisai « Fraises des bois friandes et ses tuiles au sarrasin » – la sonorité de l'adjectif friand m'évoquant une pâte à la consistance friable. (J'ai toujours veillé à ce que l'appellation corresponde à la sensation éprouvée en bouche. Quitte à inventer des mots. Mes fameux « craquounets », bouchées à la texture craquante et fondante, en sont le parfait exemple.)

Mais revenons à nos fraises, que j'écrasai soigneusement avec une pincée de sucre et du citron vert, de manière à en exprimer un maximum de jus. Réservons la pulpe pour un autre dessert, voire une tuile, et multiplions les essais : en faisant mariner le tout plus ou moins longtemps (d'une heure à vingt-quatre heures), avec de la vanille (pour arrondir le goût), avec de la fleur de sel, sans fleur de sel, avec des herbes, sans herbes, avec d'autres variétés de fraises, avec des framboises, etc. Le but étant de recueillir un jus construit, peu sucré, et doté d'une structure sirupeuse, monté ensuite à frémissement, puis passé au chinois. Encore un léger bouillon – deux secondes, pas davantage ; sinon adieu le bon goût de fraise ! – et zou, repos pendant quinze minutes.

En début de repas, au moment où le client commandait son dessert, je le portai une deuxième fois à frémissement, en écumant régulièrement les impuretés qui remontaient à la surface. Densifié – et non concentré, la nuance est importante ! –, le jus devenait alors translucide, sirupeux à souhait. Et s'il ne l'était pas suffisamment, je l'épaississais en délayant un peu de fécule de maïs avec une ou deux gouttes d'eau froide.

En fait, je cherchais des moyens simples pour parvenir à mes fins.

Vous allez me dire : pourquoi ne pas prendre tout simplement un fruit acidulé ? Je m'enquiquinerais moins !

Mais mon métier, c'est de faire de la peinture, de la musique. Pas uniquement de la pâtisserie. Et le produit est là pour servir mes intérêts. Quand j'entends certains cuisiniers lui tresser des couronnes de lauriers excessives, prétendant n'être que de simples « passeurs », cela m'agace. Personne ne songe à contester la nécessité de travailler des produits dignes de ce nom, j'en suis le premier ambassadeur, mais, sans la main du « peintre », que tire-t-on de ce fameux produit ? Pas grand-chose…

Mon premier dessert réellement équilibré en termes de goût fut « Comme un sablé breton ». Il faut dire que l'association mangue-gingembre-rhubarbe-girofle envoyait du bois.

J'étais parti sur une base de sablé diamant, en doublant les proportions de beurre, pour obtenir une texture très friable. Conscient que je pouvais aisément réaliser des pâtes de fruits de saison – je ne parle pas de la confiserie, mais d'une espèce de compotée très évaporée –, je décidai d'accompagner ce sablé d'une compotée de rhubarbe au girofle, recouverte d'une mangue émincée à la fois mûre et acidulée, et d'un peu de gingembre confit. Un vrai dessert de cuisinier !

Je cuisais la rhubarbe avec de la vanille, pas mal de citron, du sucre, encore du citron, de nouveau du sucre, du citron, du sucre, du citron… Et ainsi de suite jusqu'à ce que le mariage acidité-sucre atteigne un équilibre parfait. Instinctivement, je savais à quel moment cesser cette escalade. Naturellement épais, mon jus n'avait même pas besoin d'être lié. Il me suffisait de le réassaisonner le lendemain et de disposer un ruban de ce fruit travaillé autour du sablé. Quand on tombait dessus : bam ! C'était de la quadriphonie.

Aujourd'hui, ma démarche serait différente, car je recherche une sensation plus globale. Mais à l'époque, je voulais que ce soit rock'n'roll, que ça pète dans la bouche. Et on était servi !

Dans le cadre de mes essais de compotées, d'autres fruits passèrent joyeusement à la casserole. Enfin : à la poêle. Ce fut le cas de la banane, ou encore de l'ananas, que je faisais carrément rôtir. J'avais compris qu'il ne fallait pas le jeter dans un caramel, mais au contraire laisser le mélange de beurre mousseux et de sucre le confire doucement. En fin de cuisson, il suffit d'augmenter le feu et ça caramélise.

Parti sur ma lancée, je me suis également attaqué à un tajine de fruits. Dieu sait si, à l'époque, le pamplemousse n'était pas ma tasse de thé, mais je décidai d'en faire un dessert en plusieurs petites préparations, façon strudel. Le mélange beurre-citron tranchait immédiatement. Petite astuce : si ça tranche, c'est que ça manque d'eau ! Je rajoutais alors un peu de jus de citron pour homogénéiser de nouveau l'ensemble, avant de faire rôtir des pommes, sans coloration. Une fois que ça commençait à fondre, j'ajoutais du pamplemousse (jus et quartiers), de l'orange (jus et quartiers), des raisins, des amandes, de la vanille, des épices, et un peu de menthe ciselée au dernier moment. La longue cuisson de ce dessert, qui resta six mois à la carte, m'inspira son nom : « Tajine de fruits ».

Plus tard, je me suis aussi amusé à le décliner en petits fours sur la base d'un appareil à financier.

Plus je multipliais les essais, plus je trouvais logique d'épurer et d'alléger mes desserts. L'avantage, avec les jus courts, c'est qu'ils me permettaient de faire l'impasse sur les coulis et les crèmes.

En 1991, je mis au point une mousse de lait (demi-écrémé) assez révolutionnaire. Avec cette sorte d'émulsion légère et neutre en goût, je pouvais réaliser des mousses aux fruits ou au chocolat sans blanc d'œuf, ni crème montée, ni beurre, mais en conservant en bouche la même texture, ainsi que le goût concentré et puissant du produit principal.

Mes jus au praliné (crème au beurre avec du praliné et beaucoup de mousse de lait, eau, fleur de sel, pointe de citron, vanille) datent de la même époque. Je me souviens de celui que je réalisais à la dernière minute pour accompagner une dacquoise, dont je faisais retomber la pâte au maximum (crime de lèse-pâtissier !), et que je cuisais au four comme un macaron. Joliment dressé, ce biscuit croustillant se parait de fruits secs caramélisés et était surmonté d'une tuile d'amandes – confectionnée juste avant le service.

J'ai fait des jus courts de tout. Avec ou sans la peau d'une orange, avec ou sans le zeste, avec ou sans le ziste. Je me souviens d'un gratin de pamplemousse corse, dans lequel j'avais utilisé l'intégralité du fruit (peau, quartiers, jus), à l'exception du ziste. J'ai même fait des jus courts à la menthe fraîche (avec un gramme de Jet 27 pour deux cents grammes de masse), dans un dessert chocolat-gingembre.

Tous mes jus étaient-ils top ? Certainement pas. Mais, petit à petit, je commençai à les intégrer en faisant des suggestions quotidiennes à la carte. Avec des tomates, des pommes (même vertes) ou des ananas braisés, j'obtenais un jus presque gras, semblable à celui d'une volaille !

Les bouillons et consommés, eux, me donnèrent davantage de fil à retordre...

Profondément marqué par la purée hyper foisonnée qui accompagnait la côte de cochon de lait de mon frère, je m'en suis naturellement inspiré pour créer des purées de fruits, non pas montées au beurre, mais à l'huile d'olive ou de sésame, voire de noix-sésame ou de noix-noisette. Au début, je mettais deux tiers d'huile de noix, un tiers d'huile de noisette, ou inversement. Jusqu'à ce que je déniche une excellente huile de noisette grillée, dont je me contentais de verser quelques gouttes au dernier moment. Et, pour faire une purée de fraises, j'utilisais de l'huile de sésame non grillé, coupée avec une huile de tournesol...

En base de crèmes ou de mousses, ces purées gourmandes jouaient le rôle de garniture. Il m'arrivait de les recouvrir d'une couche assez fine de crumble, pour obtenir un dessert qui donnait l'impression d'avoir cuit au four pendant deux heures – alors qu'il avait pris une simple coloration sous la salamandre.

Afin d'en renforcer l'esprit terroir, je le servais dans une cassolette.

J'avais aussi imaginé une sorte de club-sandwich à base de pain d'épices maison très doux, dont je recoupais les tranches en deux. Garni de fromage de chèvre et d'une purée de poire montée à l'huile d'olive avec carvi, morceaux de poire, vanille, il se posait là !

Et d'ailleurs, je faisais tout ce que je voulais avec ma cuillère. Y compris dresser des boules de glace turbinées au passe au dernier moment…

Tous ces tests, je les réalisais l'après-midi, ou en début de service. Connaissant mon travail sur le bout des doigts, cela ne posait jamais aucun problème d'organisation. Je savais qu'il y aurait, disons vingt-cinq à trente pour cent de desserts au chocolat, et trente-cinq à quarante pour cent de desserts aux fruits (surtout aux fraises et aux framboises).

J'enchaînais des journées de quinze ou seize heures, mais j'avais la pêche. Malheureusement, avec mes problèmes de poids, cet état de grâce éphémère n'allait pas tarder à se transformer en « état de graisse » délétère.

Avant de proposer une nouveauté, il m'arrivait d'avoir le trac, et de repousser les essais au maximum… Pour finalement me jeter à l'eau sans filet. Comme je pensais gâteaux vingt-quatre heures sur vingt-quatre et que je bouillonnais d'idées, ça passait.

Je n'ai jamais oublié mes premières cartes de desserts à l'assiette. Le « Rondo Passion » : mousse passion, biscuit aux amandes, nappage ambré et clair, le tout posé sur une gelée prise au citron vert. Un concerto de gourmandise. Le bien nommé « Plaisir caché » ? Un torrent de sensualité. Quand je montais à l'emporte-pièce cette préparation à base de mousse au chocolat, je laissais exprès un trou au milieu, pour y introduire une crème anglaise au café très épaisse, mais encore coulante. Puis je déposais un petit morceau de chocolat sur le dessus et obturais le tout avec de la mousse. Avant de servir, je passais mon « Plaisir caché » deux secondes à la salamandre, pour faire fondre son décor imitation bois en chocolat.

En plongeant la cuillère, la sauce jaillissait comme de la gueule d'un volcan !

Pour les tartes aux poires ou aux pommes figurant au chariot de pâtisseries, et dont je faisais cuire le feuilletage au moment, j'avais imaginé un dressage original en coupant une part que je déposais à l'envers sur un côté de l'assiette. L'espace laissé vacant était comblé par un beurre de cidre additionné de vanille, de miel de sapin et des morceaux de pomme caramélisée.

Mais le dessert qui a marqué durablement les esprits en restant treize ans à la carte, ce sont les croquettes au chocolat. L'idée m'en est venue un matin, en préparant les mignardises. Tout en roulant les truffes, je songeais à la crème frite – cette crème pâtissière très prise, très sucrée, inventée par Auguste Escoffier – qui accompagnait mon gratin de poire à la chicorée.

Puisque je peux frire de la crème pâtissière, pourquoi ne pourrais-je pas frire de la ganache ?! Il suffirait de la couler, de la laisser cristalliser, puis d'en détailler des palets, que je passerais au froid avant de les paner deux fois à l'anglaise…

Action, réaction. Le résultat fut satisfaisant, mais que d'opérations chronophages !...

Quelques jours plus tard... Bon sang, mais c'est bien sûr ! Je n'ai qu'à paner directement les truffes !

La première fois que cette gourmandise a atterri sur ma langue, je me suis brûlé. Mais à la seconde suivante, lorsque le chocolat semi-liquide et croustillant a éclaté dans ma bouche, quelle volupté...

La croquette au chocolat était née. Les clients – surtout les femmes –, les journalistes, et même le *Guide Michelin*, qui y faisait encore allusion treize ans plus tard dans ses commentaires sur La Table d'Anvers, succombèrent à son charme.

Bien entendu, sa sauce évolua au fil du temps. Pour quelle raison ai-je été amené un jour à mettre du cacao amer en poudre avec un peu de sucre et une pincée de sel dans un cul-de-poule, et à verser par-dessus de l'eau très chaude ? Je ne saurais le dire précisément. Sans doute étais-je coincé par le temps. Quoi qu'il en soit, il se produisit un petit miracle. Mon jus devint très épais, divinement soyeux. Je tenais là une formidable ganache – sans un gramme de crème !

Comme quoi les choses les plus simples sont toujours les meilleures.

Quelques réglages s'imposèrent, bien entendu. Je compris notamment que, pour éviter que la boule ne se perce, une couche de poudre d'amandes serait nécessaire. Plus tard encore, je me suis amusé à décliner cette croquette en multiples versions – sucrées (framboise, coco, caramel) et salées (foie de veau persillé, lentilles).

Le 3 mai 1986, la veille de l'ouverture de La Table d'Anvers, nous étions en train de passer un coup de balai dehors lorsque nous tombâmes nez à nez avec Claude Lebey. Que Roger Conticini, dont il connaissait déjà les talents de restaurateur, ouvrit un établissement avec ses fils : voilà qui attisait la curiosité du célèbre journaliste culinaire. Et à en juger par le commentaire qu'il signa dans le *Gault & Millau*, il faut croire qu'il ne fut pas trop déçu des gourmandises de votre serviteur : « ... Si je mets treize sur vingt, c'est grâce aux pâtisseries de Philippe. »

Lorsque, trois ans plus tard, en 1989, Christian Millau monta la note à seize, me qualifiant d'« enfant prodige de la pâtisserie » dans un article de huit pages, je n'en crus pas mes yeux. « Depuis les frères Troisgros – excusez du peu ! –, on n'avait pas connu de duo plus brillant », précisait-il encore.

À peine étais-je considéré comme « le pâtissier le plus créatif de France » que, en

1991, on me bombardait « pâtissier de l'année ». J'aurais dû exulter, mais j'étais incapable de savourer ce succès tant je manquais de confiance en moi.

L'affaire ne datait pas d'hier. Avant l'ouverture du restaurant, j'avais envoyé cinq essais de desserts à Lucien Peltier, le grand pâtissier de la rue de Sèvres chez qui j'avais travaillé un temps, en arrivant à Paris en octobre 1985.

« Tes recettes, elles viennent d'où ? m'avait-il demandé. Parce que de tout ce que j'ai mangé, je n'en vois pas une seule de moi. Ça m'impressionne un peu... »

Venant d'un pâtissier de cet acabit, le compliment valait de l'or. N'importe quel petit jeune se serait senti pousser des ailes.

Mais comment aurais-je pu m'attribuer à cent pour cent le mérite des éloges qui m'étaient adressés à La Table d'Anvers ? Mon frère pensait que tout ce qui m'arrivait de positif n'était dû qu'à lui. Je ne me souviens pas l'avoir une seule fois entendu dire « Il est top, ton dessert ! » Si un journaliste m'encensait, il jurait que c'était pour l'enquiquiner, lui. Et comme je le plaçais sur un piédestal, évidemment, je l'ai cru. Je l'ai cru au début, au moins. Longtemps.

Par conséquent, il ne se passait pas un jour sans que ce satané manque de confiance se rappelât à mon (mauvais) souvenir. Certes, mes desserts plaisaient. Mais valaient-ils ceux de mes étoilés confrères ?

C'est ainsi que je décidai, en 1987, de faire avec ma mère une tournée de quelques trois macarons Michelin durant la fermeture annuelle du restaurant. Notre itinéraire gourmand démarra à La Côte Saint-Jacques, à Joigny, où officiait alors Michel Lorain, pour s'achever chez Joël Robuchon.

Les yeux embués de larmes, je regarde défiler le générique de fin sur mon écran de télévision. J'ai beau avoir vu et revu — une dizaine de fois — *Miracle en Alabama*, ce film d'Arthur Penn qui raconte l'histoire vraie d'une jeune fille sourde et aveugle, il me bouleverse toujours autant.

Incapable de communiquer et d'exprimer la moindre émotion, Helen Keller est enfermée dans son monde. Elle se comporte avec ses parents comme un petit animal sauvage. Seule Anne, une institutrice qui a récemment retrouvé la vue, parvient peu à peu à la « dompter » et à lui enseigner le langage des signes, lui répétant inlassablement les mots afin que la petite leur associe une signification. En l'absence de résultats satisfaisants et sous la pression du père de l'enfant, l'institutrice est sur le point d'abandonner... mais, quand elle entraîne Helen jusqu'au puits pour lui faire pomper de l'eau, la jeune fille a une révélation. Elle touche l'eau, s'en asperge le visage et finit par répéter maladroitement : « Eau ! Eau ! » Enfin, elle a compris. Chaque mouvement des doigts esquisse bien un mot ; celui-ci a une signification ; et il existe donc un moyen de communiquer. À cet instant, sa vie bascule à deux cents pour cent.

Je n'ai naturellement rien à voir avec l'héroïne de ce film, mais je m'identifie totalement à elle. Car, moi aussi, j'ai vécu une prise de conscience similaire lorsque, peu de temps après l'ouverture de La Table d'Anvers, les clients ont commencé à me demander en salle. Ils connaissaient le grand frère ; forcément, ils voulaient voir le petit.

La première fois que l'un d'entre eux m'a dit « Vous m'avez touché l'âme ! », j'ai eu un choc.

« Est-ce bien à moi qu'il s'adresse ? me suis-je dit. C'est incroyable, ces gens me parlent comme si j'étais mince… Mes desserts auraient-ils le pouvoir d'éclipser mon poids ? »

Le scénario se reproduisit de manière identique des dizaines de fois : les gens me saisissaient le poignet droit, et ils me disaient que je les avais bouleversés. Oui, je pouvais désormais communiquer avec autre chose que mes formes. Oui, mes gâteaux avaient le pouvoir de déclencher des émotions…

C'est dire si le travail du goût est tout sauf une mode, pour moi. C'est une nécessité absolue. Et, si ma boutique s'appelle Gâteaux d'émotion, c'est que, au travers de mes créations, je livre mes plus belles émotions.

Aujourd'hui, lorsque, dans mes ateliers ou dans mes boutiques, les clients me touchent le bras et me disent « Monsieur Conticini, en mordant dans vos gâteaux, on a l'impression que c'est vous ! », savent-ils qu'ils me font le plus beau cadeau du monde ?

« Votre fils, madame, ce sera un matheux ! »

Le curé qui prononça ces mots en se penchant au-dessus de mon berceau serait sans doute fort déçu d'apprendre que l'inspiration divine lui fit défaut : j'ai toujours eu horreur des maths ! Pire, j'en ai développé une véritable phobie.

La faute à un professeur tyrannique qui a ruiné mes années de sixième, cinquième, quatrième et troisième à l'Institut de Valois, collège privé de Villemomble.

Tandis que mon camarade Richard avait droit au surnom humiliant de « Cheetah », cet enseignant, dont j'appris ultérieurement qu'il avait été arrêté pour pédophilie, s'obstinait à m'appeler « Bouboule » en raison de ma surcharge pondérale prononcée. Et il m'a tellement défoncé que j'ai fini par associer les mathématiques à une douleur phénoménale.

Quand j'ai quitté le collège en troisième, pour intégrer un autre établissement à Montfermeil, je ne savais même plus faire une division ! Et j'ai totalement zappé l'épreuve de maths au BEPC – que je n'ai, en toute logique, pas décroché.

Mon problème de poids avait commencé à me préoccuper, du moins inconsciemment, dès l'âge de cinq ans. À dix ans, je me souviens d'être sorti de la visite médicale annuelle en poussant un soupir de soulagement lorsque j'ai vu que l'aiguille de la balance n'avait pas bougé. Mais je pesais tout de même quarante-deux kilos pour un mètre quarante-deux, et ma silhouette attirait les quolibets de mes camarades.

Ma mère m'avait fait consulter un diététicien, mais je ne me souviens pas de l'avoir vue plus inquiète que cela à l'époque. Et lorsque je me levais aux aurores le samedi matin pour acheter vingt-quatre croissants à la boulangerie, elle ne réagissait pas davantage.

En tant que père d'une adolescente de dix-sept ans, je verrais ma Chiara revenir avec une vingtaine de croissants, je comprendrais tout de suite qu'il y a un problème. Pourquoi n'a-t-elle pas coupé court à cette orgie ?

Pensant sans doute que cela me faisait plaisir, elle fermait les yeux. Peut-être aussi qu'elle essayait de compenser ainsi ses absences, et peut-être encore le manque d'amour dont elle-même avait souffert étant gamine.

Car ma mère n'avait été gardée qu'à contrecœur par sa propre mère, qui rêvait d'avoir un garçon mais n'accouchait que de filles. Elle fut son souffre-douleur.

Il faut dire que l'histoire de ma grand-mère maternelle aurait inspiré plus d'un dramaturge.

Copieusement maltraitée par un homme qui l'avait épousée pour sa dot, elle est tombée enceinte à vingt-trois reprises. Pendant que ma grand-mère était enceinte, que faisait-il ? Il dilapidait l'argent du ménage au poker, ou avec des prostituées.

Quand il a quitté l'Algérie, de Marseille, le couple est remonté à Toulouse. Ma grand-mère en a vu de toutes les couleurs ! J'ai appris qu'elle avait, un jour, faute de toit, fini par trouver un simple garage pour dormir à l'abri avec sa marmaille. Treize enfants. Quand ils ont débarqué à Paris, c'était la pauvreté absolue.

Dans ma famille, personne ne souffre d'obésité. Si j'ai grossi autant, je suis convaincu que ce contexte douloureux y est pour beaucoup.

La Table d'Anvers a le vent en poupe. Tous les chefs deux ou trois étoiles – Ducasse, Robuchon, etc. – font le déplacement pour découvrir ce restaurant dont tout le monde parle. Et, de 1986 à 1991, les desserts de La Table sont sous les feux des projecteurs, suscitant un nombre croissant d'articles de presse.

Si je m'éclate comme un fou, en dehors de mes maryses et de mes culs-de-poule, en revanche, je me renferme de plus en plus. Et plus je me renferme, plus je mange.

Entre 1986 et 1989, ma prise de poids s'accélère. J'ai beau avoir emménagé dans un nouvel appartement, je n'arrive même plus à me motiver, ne serait-ce que pour le décorer. Quant à mes relations avec les filles, elles sont quasi inexistantes.

En fait, lorsque je suis parti travailler à Cannes, hors du cocon familial, j'ai réussi à maigrir. Mais dès l'instant où je m'y suis replongé, en rentrant à Paris, j'ai repris du poids. J'aurais sans doute dû rester loin, très loin. Mais aurais-je eu le même parcours ? Mystère.

En 1991, la situation devient critique. Je pèse cent soixante kilos. Mes horaires en décalé n'arrangent rien. Car après avoir zappé le petit déjeuner, j'engloutis l'après-midi un concentré diabolique de calories – baguette et camembert entiers, pizza... Et j'en passe. Sans aucun plaisir. Toujours pour combler ce satané vide affectif.

Entre 1992 et 1994, je perds pied et me laisse totalement aller. Ma petite amie a déserté. Et quand je vois un couple se bécoter, je me dis : « De toute façon, ça ne peut pas t'arriver. Tu n'auras que ce que tu mérites. »

Le samedi soir, sachant que MacDo ferme vers une heure du matin, je m'arrange pour quitter La Table d'Anvers avant minuit quinze. Et je fonce acheter mon plaisir solitaire : treize hamburgers, plus sept ou huit portions de frites.

Je suis en train de me flinguer.

C'est le début de la descente aux enfers.

J'ai toujours pensé – ce fut d'abord inconscient – que je finirais par me suicider. Mais je n'ai jamais eu le courage de passer à l'acte, parce que j'aime profondément la vie. Je dois ma survie à cette petite voix intérieure qui s'obstinait à chercher la sortie : « Tu es Napoléon. Il faut que tu sois à Austerlitz ! me soufflait-elle. Alors prends de la hauteur et imagine la stratégie qui te permettra de vaincre l'ennemi. »

J'ignorais encore que l'ennemi n'était pas le poids, mais moi…

Parallèlement, mon père continuait de me répéter que j'étais une merde. Combien de fois me suis-je réfugié dans les toilettes pour éclater en sanglots à l'abri des regards ! Son attitude m'indignait. Comment pouvait-il me juger alors qu'il savait pertinemment que je n'avais pas les cartes en main ? Pourquoi a-t-il toujours refusé de me guider, de m'apprendre ne serait-ce que les tâches administratives – la comptabilité du restaurant, par exemple ? Pourquoi ne m'a-t-il jamais initié à la lecture étant gamin ?

J'ai dû attendre l'âge adulte pour me forger ma propre culture littéraire, et je me souviens encore des deux premiers ouvrages que j'ai achetés : l'un portait sur l'évolution de l'homme, l'autre sur les Templiers.

Durant les années 1989, 1990 et 1991, je crois que j'ai beaucoup fait évoluer ma pâtisserie en m'appuyant sur toutes les techniques nouvelles.

Et en même temps, je sens à l'époque déjà que, plus je m'appuie sur la technique, plus je m'éloigne du goût. Suis-je pour autant prêt à trouver la parade ? Pas encore.

Un autre détail me chiffonne : le contenant.

Si je dresse toujours horizontalement, l'assiette me semble de moins en moins adaptée à mes desserts, désormais très aérés.

Exit la gélatine. J'émulsionne beaucoup, notamment des jus. Pas avec un siphon – c'est le chef espagnol Ferran Adrià qui popularisera la technique en 1996 –, mais avec un mixeur plongeant.

Du coup, ce n'est pas un hasard si, à partir de 1991, ma pâtisserie n'évolue guère. Et mes cartes de desserts sont sans intérêt.

Ce constat me rend naturellement malheureux.

Par conséquent, je grossis.

Équation hélas tristement familière.

Dans un premier temps, j'ai attribué cette perte de créativité à la nature même de mes gâteaux. Comment raviver la flamme, retrouver un certain équilibre par rapport à mon évolution technique ? Une fois de plus, je devais absolument me remettre en question.

Contrairement à mes confrères, qui faisaient des pièces en sucre de deux mètres de haut par exemple, moi, j'avais arrêté depuis longtemps. Je me défendais pourtant pas mal, mais je me suis laissé influencer par mon frère qui me répétait : « Arrête ça ! Concentre-toi plutôt sur le goût ! »

Résultat : le travail monumental que j'abattais ne se voyait pas, et cela me filait des complexes.

« Tu verras, Marie-Christine te fera un bien fou ! Elle est formidable », me répète pour la énième fois mon ami Pierre-Paul.

Je freine des quatre fers. L'idée de consulter une psychologue, aussi talentueuse soit-elle, ne m'enchante pas.

Jusqu'à présent, tous les discours des professionnels du corps et de l'âme qui ont croisé ma route m'ont profondément déçu. À commencer par celui d'un fameux nutritionniste chez qui ma mère m'avait traîné lorsque j'avais quinze ans.

« Mon garçon, m'avait-il dit, si tu fais de la cuisine ou de la pâtisserie, tu seras comme un parachutiste qui saute d'un avion sans parachute : tu mourras probablement. Oublie ! Ce n'est pas pour toi ! »

Je ne puise pas ma créativité dans la visite d'un musée ni dans l'observation d'un tableau, mais dans ce que je suis.

Juin 1994. Il est dix-huit heures trente quand je quitte mon bureau pour descendre en cuisine. Depuis plusieurs semaines, Yann, mon collaborateur, et moi planchons sur un nouveau dessert.

Quelle forme donner à cette quenelle de fromage blanc accompagnée d'une émulsion de lait ? Et si j'ajoutais une tuile de chocolat blanc, un jus de betterave rouge crue, une petite cuillère de salade d'herbes – cerfeuil, estragon, thym citron, basilic légèrement ciselé, coriandre – directement sur l'assiette, ainsi qu'une vinaigrette de pêche bien assaisonnée ?…

Je goûte. C'est excellent. Très acidulé.

J'en veux davantage. Il faut que ce soit aussi gourmand qu'un chou à la crème.

Commençons par réaliser une crème pâtissière bien foisonnée, puis mettons tout cela dans la bouche avec la petite salade d'herbes, un zeste d'orange croquant et du sucre grain.

Hmmm!… Intéressant, ce gras de la crème pâtissière qui enrobe les papilles. Et quel parfum!

Je pose la petite cuillère dans l'assiette, la quenelle à côté…

Non, c'est moche.

Si elle pouvait être légèrement en équilibre dans un bol, ce serait mieux.

« Sois gentil, va me chercher un verre à bourgogne, dis-je à Mehdi, mon sommelier. Je viens d'avoir une idée. »

Bon, on va éviter de dresser la quenelle à la verticale. Trop phallique.

Et puis cela ne tiendra pas.

Si je montais tous mes éléments dedans? Je pourrais y poser cette cuillère, non?

Après tout, ce que je veux, c'est que les papilles soient réveillées par l'acidulé de la vinaigrette à la pêche avant que la crème enrobe la langue quand on dégustera la quenelle de fromage blanc.

Je dépose un peu de gelée au fond du verre à bourgogne.

J'ajoute du jus, un biscuit, ma petite mousse de fromage blanc réalisée en deux temps trois mouvements sans pesée.

Et quelques fruits.

C'est rouge, ça pète, ça me plaît.

Au même moment, un rayon de soleil s'invite dans la cuisine, baignant d'une lumière très cinématographique ma gourmandise improvisée.

J'attrape ce verre à demi monté par le pied et, tel un vigneron qui jaugerait la robe d'un nouveau cru, je l'examine sous toutes les coutures en le faisant tourner devant mes yeux. Un coup à droite. Un coup à gauche.

Arrêt sur image.

« Oh putain, j'ai trouvé mon bébé ! »

C'est sorti presque malgré moi.

Aussitôt, les mots de Marie-Christine me reviennent en mémoire.

« Même si vous vous sentez isolé, ne vous détournez jamais du chemin que vous avez choisi. Tout au bout, vous trouverez la lumière. C'est-à-dire votre place, votre identité. »

Pour la deuxième fois, je m'exclame.

« Oh putain, j'ai trouvé mon bébé !... »

Avant d'ajouter : « Ça va faire le tour du monde, ce truc ! »

Quand mon frère débarque en cuisine, je suis hyper excité à l'idée de partager ma trouvaille. De partager avec lui. Je monte de nouveau le dessert dans un verre et je lui dis :

« Regarde, je crois que je tiens un truc top !

— Aucun interêt », fait-il après y avoir jeté un rapide coup d'œil.

Un peu déçu, je retourne dans mon coin.

En salle, en revanche, quelle que soit la nationalité des convives – américaine, chinoise, française –, les réactions sont enthousiastes.

Soucieux de recueillir l'avis d'un pro éclairé, je sollicite un meilleur ouvrier de France (MOF) glacier pour lequel j'ai beaucoup de respect. Tout en lui servant dans le verre à bourgogne mon « Pomme cristal » (pommes confites, gelée de vin blanc), un dessert très doux et légèrement acidulé, je lui parle longuement des goûts.

Il adore mais passe le contenant totalement sous silence. Il ne percute pas.

La réaction de mon ami Pierre-Paul, elle, me permet d'avancer dans ma réflexion.

« Je n'ai jamais goûté un truc pareil ! C'est excellent. En revanche, c'est un peu liquide… » objecte-t-il.

Il a raison. Du jus, de la mousse – pourquoi pas. Mais il faut aussi de la mâche.

Au fil du temps, je comprends quels ingrédients ajouter pour obtenir davantage de textures, jouer sur la transparence et la profondeur, afin que quel que soit l'endroit où l'on plonge la cuillère, l'ensemble soit parfaitement équilibré.

Au bout d'un an, je suis passé du verre à bourgogne à la verrine.

Cette idée de verrine a surgi spontanément, sans préméditation.

Avec ses strates successives, n'est-elle pas une allégorie de ma propre vie ?

Quoi qu'il en soit, dès lors, je n'ai plus jamais douté dans mon travail. Et aujourd'hui, lorsque je réalise n'importe quelle pâtisserie classique, je sais comment me démarquer à deux cents pour cent.

Pourquoi le chemin m'intéresse-t-il tant ?

Parce que je l'ai parcouru. Et je sais que s'il n'y a pas de chemin, il n'y a rien du tout.

Sans réfléchir, je suis rentré dans le premier café du boulevard Saint-Germain, je me suis dirigé vers la cabine téléphonique – je vous parle d'un temps que les moins de vingt ans ne peuvent pas connaître, avant les portables –, et j'ai composé le numéro de Marie-Christine. Quelques jours plus tard, elle me donnait rendez-vous à son cabinet, rue du Ranelagh.

En me retrouvant devant cette femme de confession bouddhiste, qui avait accompagné plusieurs fois le dalaï-lama lors de ses visites à Paris, je n'en menais pas large. D'autant qu'elle me mit sans ménagement le nez dans mon propre ego concluant notre rencontre par ceci :

« Si vous voulez qu'on se revoie, appelez-moi ! » Je suis rentré à la maison avec une multitude de Post-it, qu'elle m'avait recommandé d'accrocher un peu partout, de manière à tomber dessus régulièrement.

Les petits mots qu'elle y avait écrits étaient censés m'aider à ne plus avoir peur de ce que je mangeais.

En sortant de chez elle, je suis secoué.

« Elle est super gentille, dis-je à Pierre-Paul. Mais elle m'a blessé. Je n'y retournerai pas.

— Je t'en prie, ne prends pas tout de suite ta décision, me supplie-t-il. La première séance se déroule toujours ainsi, tu sais… »

Après une semaine de réflexion, je finis par me raisonner. « Admettons qu'il y ait une chance sur un million qu'elle puisse t'aider, tu dois la saisir – ou tu t'en voudras à mort. »

Et j'ai vu Marie-Christine pendant une quinzaine d'années. Parfois deux, voire trois fois par semaine lorsque j'étais au fond du trou. J'en ai bavé, mais je ne l'ai jamais regretté. Car cette femme a changé ma vie, et elle m'a aidé à porter un autre regard sur moi.

Grâce à elle, j'ai pu dénouer un à un les nœuds de ma « corde intérieure » – ces nœuds qui n'auraient jamais dû se former, ou que mes propres parents auraient dû délier. Je voulais qu'elle m'aide à comprendre qui j'étais. En fait, je voulais être.

Bien sûr, je ne le formulais pas ainsi.

Mon père – qui s'était bien moqué de moi quand je lui avais parlé de Marie-Christine – ne m'avait pas laissé grande latitude pour être.

En tout cas pour être celui que j'étais. Et mon frère avait soigneusement enfoncé le clou.

Marie-Christine nous a quittés en 2010. C'est Pierre-Paul qui m'apprit la triste nouvelle. Je luttais alors contre la mort sur un lit d'hôpital. Je n'ai pas tout de suite pris la mesure de l'événement.

Un mois plus tard, lorsque le vide abyssal laissé par sa disparition m'a frappé de plein fouet, je me souviens avoir poussé un hurlement de douleur.

Avec la verrine, c'est le retour de la créativité. Peu à peu, les idées de desserts fusent.

J'imagine alors le « Cocajou », à base de coco, coca, cajou, ou encore le « Monte Christo » – l'exemple type du dessert équilibré à mes yeux –, que je crée en 1996. Cet ovni au tabac, plébiscité par les clients de La Table d'Anvers, est né d'une rencontre fortuite avec un sociologue, client du restaurant.

« Ça vous dirait d'intervenir dans l'une de nos conférences ? me demande-t-il en fin de repas. Notre prochaine thématique porte sur le tabac. Vous pourriez nous parler de la manière dont il peut s'intégrer à un dessert… »

Allez savoir ce qui me prend, je réponds du tac au tac :

« Vous avez de la chance, je viens justement d'en mettre un au point ! »

C'est plus fort que moi. Chaque fois qu'on vient me chatouiller, je fonce.

Et j'ai le culot d'ajouter :

« Venez donc le goûter dans une ou deux semaines ! »

La conférence ayant lieu un mois et demi plus tard, j'avais intérêt à faire turbiner mes neurones…

Je déteste les alcools forts, mais, à l'époque, j'aimais bien conclure un repas avec une poire Brana et un Davidoff n° 5. En bouche, le mélange de cette eau-de-vie exceptionnelle créée par Étienne Brana, distillateur au Pays basque, et du cigare révélait des notes de cuir, d'épices, et un soupçon de fruits exotiques. Je le tenais, mon dessert !

Mais les premiers essais sont désastreux. J'ai beau faire infuser à chaud ou à froid plusieurs feuilles de tabacs différents, il n'en ressort aucun parfum.

Trois semaines plus tard, je décide de tester l'Amsterdamer, un tabac aux notes de miel. Ignorant très vite la première variété (paquet bleu), dont l'amertume est trop prononcée, je tiens absolument à capturer le parfum d'épices qui se dégage de la seconde (paquet blanc). Une courte infusion à froid (cinq secondes maximum) devrait suffire. À condition de trouver ensuite un moyen de lier le jus à froid sans ébullition. En faisant sécher le tabac pressé sur une plaque, certes, ça craquouille, mais l'amertume s'accentue. Seul moyen de l'atténuer : ajouter de la glace vanille.

Pendant que les clients dégustent leur repas, je fais rôtir très légèrement une rondelle d'ananas assaisonnée avec du carvi, quelques raisins au rhum ainsi que des pistaches préalablement caramélisées et réduites en poudre. Je pose ensuite cette rondelle égouttée sur l'assiette, en prenant soin de masquer le trou par un morceau de pain d'épices maison, délicieusement fondant. Une belle quenelle de glace vanille, une poignée de tabac séché et, hop ! Voici la cerise sur le gâteau : un trait de jus de coco versé à proximité immédiate du rebord de l'assiette, et un autre de fruit de la passion, à distance de l'ananas, nappé avec mon jus sirupeux au tabac.

Le jeu consiste à plonger la cuillère à travers les différentes couches, à prélever un peu de jus de coco et de passion, et, surtout, surtout, à tout manger en même temps, pour qu'à chaque bouchée cette subtile architecture de goûts apporte une émotion intense.

Avant la découverte de la verrine, l'importance de l'équilibre ne m'avait jamais frappé à ce point, tout absorbé que j'étais dans mes recherches sur les mélanges de goûts – mangue, rhubarbe, gingembre… –, les techniques de cuisine, les jus, les braisages, le travail de la mousse de lait, la gélification, les émulsions, etc.

Aujourd'hui encore, grâce à cette expérience qui a durablement influencé ma manière d'appréhender la pâtisserie, j'estime que la réussite d'un dessert tient à la perception immédiate de son équilibre. Et, pour multiplier par dix les sensations, je n'ai qu'une devise : toujours mélanger dans la bouche, pas dans l'assiette. Ni dans le cul-de-poule.

Pourquoi ?

Pour « porter » le goût au maximum. Un but que je poursuis incessamment.

Lorsque les gens dégustent un plat ou un dessert, il n'est pas rare de les entendre dire : « On sent bien la fleur d'oranger, la pointe de gingembre, ou la note de poivre… » Généralement, j'acquiesce pour leur faire plaisir. Mais moi, ce qui m'agite, c'est surtout le goût global.

La France est scindée en deux : il y a ceux qui trempent, et ceux qui ne trempent pas. Moi, je trempe ! Si l'on m'apporte une mignardise – disons : un minifinancier – avec mon café crème, plutôt que de boire d'abord le café puis de déguster le biscuit (ou inversement), je pose toujours la mignardise sur la cuillère et je la plonge dans ma tasse. Le mariage de ces deux saveurs tapisse alors voluptueusement mon palais et me fait fondre de plaisir.

Souvenez-vous des sandwichs que je confectionnais devant *La Planète des singes* et dans lesquels je superposais mille et un produits…

En dehors de mon travail, un autre combustible contribue largement à ranimer la flamme : le plan d'attaque original que j'imagine pour perdre du poids.

Entre 1990 et 1993, je grossis tant que je me résous à aller consulter quelques nutritionnistes. Voyant que mes précédentes tentatives d'amaigrissement ont échoué, un diététicien réputé, me donne ce conseil inouï : « Pour contrôler vos formes, vous allez vous acheter une chaîne, que vous enroulerez autour de votre taille. »

Une chaîne ? Me prend-il pour un animal de foire ? Cela me rappelle tristement mon adolescence, pourrie par le sentiment, à quinze ans, d'être un chien attaché à sa laisse de graisse. Inutile de préciser que je n'ai jamais revu ce docteur…

En mai 1994, je participe à un magazine sur les « gros » réalisé par Patrick Charles-Messance pour l'émission « 52 sur la une ».

L'expérience me donne une idée... Et si j'arrivais à convaincre une maison de production de filmer mon amaigrissement, et un éditeur de publier un livre relatant ce défi ? Peut-être que je tiendrais ainsi enfin le moyen de vaincre mon ennemi ?

Je suis le seul à y croire, mais j'ai l'habitude. Alors je m'accroche. Avec l'aide de Patrick-Charles, j'envoie une tonne de courriers. Mi-mars 1995, mes efforts sont récompensés. Son patron, Jean Bertolino, accepte de me filmer pendant quinze mois. Une première à la télévision.

La veille de l'élection de Jacques Chirac – n'y voyez aucun rapport de cause à effet –, je me casse la jambe. Au lieu de rentrer directement à la maison après un séjour à l'hôpital Rothschild, je me fais « enfermer » deux mois dans la clinique privée d'un médecin que je connaissais en tant que client régulier de La Table d'Anvers. C'est le seul moyen à mes yeux de parvenir à amorcer un régime encadré. La suite, je l'ai racontée dans un livre publié en 1996 aux Éditions n° 1.

Le tournage, lui, est épique. Afin de ne pas affoler l'équipe, j'ai légèrement triché sur mon poids. Tout le monde croit que je pèse cent quatre-vingt-cinq kilos, et que mon objectif est d'en perdre cent. Un chiffre rond, c'est toujours plus marquant. En réalité, j'en pèse deux cent quarante. Ils n'apprendront la vérité qu'au bout de six mois. Résultat : en quinze mois, j'ai perdu non pas cent mais cent cinquante kilos.

Quand le reportage passe à la télévision, le 4 octobre 1996, je n'en mène pas large. Ce régime hors norme a été si difficile ! Mon ami Pierre-Paul me propose de venir le voir chez lui. Marie-Christine nous a rejoints. Elle me tiendra la main jusqu'au générique de fin.

L'impact de l'émission est considérable. Du jour au lendemain, je suis assailli de demandes d'interviews, et le public m'acclame comme si j'avais décroché la médaille d'or aux Jeux olympiques. À Nice, Cannes, Paris, les gens me font des signes, klaxonnent à mon passage pour me témoigner leur admiration et leur gentillesse. Un jour, des jeunes de banlieue se fendent même d'un « P'tain, vous avez des couilles, m'sieur ! »…

Dans mon petit blouson d'aviateur, je me la pète un peu, forcément.

Je vous rassure, le naturel reviendra vite au galop.

Je ne crois pas en Dieu, mais en l'homme. On a le choix d'être ou non quelqu'un d'honnête. Je crois que j'ai choisi mon camp depuis longtemps.

Septembre 1997.

« Philippe, vous êtes là ? »

Perdu dans mes pensées, le regard scotché sur la ligne bleue des Vosges, je reste sourd aux injonctions de Marie-Christine.

« Philippe ! Revenez dans l'instant présent ! » insiste-t-elle en frappant cette fois un grand coup sur la table.

Sortant brusquement de ma torpeur, je la regarde et me mets à hurler :

« Tout ce que j'aime, tout ce que je fais, tout ce que je pense, ce n'est pas moi, c'est mon frère ! »

Un silence.

« Bien, dit Marie-Christine. Vous venez de toucher le nœud principal. Il va falloir vous accrocher, parce que ça va vous faire très mal… »

Elle est manifestement la seule à avoir compris depuis longtemps la sinistre réalité : mon frère me manipule.

À peine ai-je quitté son cabinet que ma décision est prise : je me casse ! Certes, je m'expose à de graves difficultés en quittant La Table d'Anvers, mais c'est une question de vie ou de mort.

Le lendemain matin, j'appelle mon père pour le mettre au courant de la situation. Ce jour-là – comme tant d'autres –, j'aurais tellement aimé qu'il me dise : « Je te comprends. Si tu as besoin de quelque chose, je suis là, tu peux compter sur moi. »

À la place, j'ai droit à un sermon en bonne et due forme.

« Reste ! La Table d'Anvers, c'est un tremplin pour toi. Ton frère, c'est la locomotive. Toi, tu suis ! »

Plus de doute, il faut vraiment que je me casse.

Ma mère me conseille de consulter un avocat pour sortir de l'affaire. Un avocat ? Mais je n'en connais aucun ! Et je n'ai alors pas la moindre idée de la manière dont on doit s'y prendre pour en contacter un… Elle me donne les coordonnées d'une de ses relations.

L'homme de loi m'encourage fortement à réclamer mon dû – soit quarante-neuf pour cent des parts – au lieu de la poignée de cacahuètes que je suis prêt à accepter. Car à présent, la seule urgence pour moi, c'est de partir. D'ailleurs, submergé par une vague de dégoût, je n'ai le cœur ni à pâtisser ni à voir les clients.

Et le 15 août 1998, je quitte définitivement La Table d'Anvers. J'ai mis mon sous-chef dans la confidence et me suis assuré qu'il prendra le relais.

Mon frère, lui, me jugeant sans doute incapable de passer à l'acte, met un certain temps avant de comprendre que je ne remettrai plus les pieds en cuisine.

Malgré une salle pleine midi et soir, il finira par déposer le bilan…

Évidemment, comme souvent dans ce genre de situation, on rembobine la bande des souvenirs pour tenter de comprendre à quel moment on a raté un épisode. Je me suis alors revu un 10 juillet, lorsque Yann, un ami pâtissier du même âge que moi, était venu fêter ses vingt-trois ans. Je lui avais confectionné une pièce en sucre, une pièce en chocolat, ainsi qu'une kyrielle de gourmandises représentatives de tout ce que je venais d'apprendre depuis un an. Ce qui me valut une avalanche de compliments.

« C'est super, les gens sont contents ! » dis-je à Christian en rangeant mon poste de travail.

Au lieu de m'encourager à son tour, il me cueille à froid.

« Tu ne vas pas commencer à nous faire une scène d'ego et à prendre le melon ! Range ton plan de travail ! »

Cette réaction aurait dû allumer un feu orange dans mon esprit. Au lieu de cela, je me suis dit : il a raison. Et j'ai fermé ma gueule.

En quittant La Table d'Anvers, la seule chose que je possédais, c'était un petit nom, puisque l'on me considérait comme un « grand pâtissier ». Je me souviens alors de m'être adressé en ces termes à mon reflet dans le miroir : « Tu vas repartir à zéro, aller là où tu dois aller, mais il faut juste que ce soit toi. Pas ton frère. Et que la presse te reconnaisse à ta juste valeur. »

Puis je me suis tourné vers Anne-Lise : « Si tu restes avec moi pour l'argent, ça risque d'être compliqué, à partir de maintenant... »

Bien entendu, elle m'a soutenu, comme toujours. Et cette mauvaise passe n'a heureusement duré que quatre mois.

Et rebelote. Me voilà reparti à zéro. Comme souvent lorsque j'ai été au top dans ma carrière. Mais là, j'accuse le coup. En fait, j'ai besoin d'un coup de pouce.

Et si j'appelais Joël Robuchon ? À l'époque, il venait souvent manger au restaurant, et je sais qu'il m'appréciait beaucoup. La première fois que nous nous sommes salués, ce devait être en 1989 ou en 1990. J'étais en train de m'affairer à l'économat lorsque mon frère me fit monter en salle, séance tenante.

« Ah ! Le roi des desserts ! » s'exclama Robuchon dès qu'il m'aperçut du haut de l'escalier.

Inutile de préciser que j'étais sur un petit nuage.

Je lui proposai donc de nous retrouver autour d'un déjeuner. Rendez-vous fut pris au restaurant de l'hôtel Nikko, où il avait décroché ses deux premières étoiles.

« Qu'attends-tu de moi ? » me demanda-t-il.

— La batterie est en panne. J'ai juste besoin qu'on la rebranche et qu'on me pousse pour que la voiture redémarre.

— Pas de problème. Je vais t'installer. Il faut que tu aies ta pâtisserie. »

Ouvrir ma propre pâtisserie ? En 1998 ?

« Mais je ne suis pas prêt !

— Bien sûr que si ! » insista-t-il.

Bien sûr que non. Je devais d'abord « rouvrir les écoutilles », nettoyer tout un tas de choses qui me polluaient. Comment pouvait-il comprendre cela ?

Si j'avais accepté de rejoindre l'écurie Robuchon, cela aurait donné un sacré coup d'accélérateur à ma carrière. Seulement je n'ai jamais eu l'instinct « communautariste ». Sinon, j'aurais sans doute rejoint d'autres chefs trois étoiles comme Pierre Gagnaire, qui m'avait proposé de le suivre dans son projet londonien. Car nous nous connaissions bien tous les deux.

« Je vais ouvrir un restaurant à Londres, m'avait-il dit à cette même époque. Veux-tu en être ?

— Je te remercie beaucoup, d'autant que, point de vue boulot, c'est très compliqué en ce moment. Mais justement, ma femme et moi, nous avons plus que jamais besoin de passer du temps ensemble. Si je te suis, on ne se verra plus que le week-end. Ce n'est pas possible. »

Il avait insisté.

Afin de mettre fin à la discussion, je lançai :

« Qui ferait la carte des desserts ?

— Toi et moi.

— Avec tout l'immense respect que j'ai pour toi et tes trois étoiles, lui dis-je, tu sais, je n'ai besoin de personne pour faire une carte des desserts. »

Il avait très bien compris et ne s'en était pas offusqué.

Je voulais être libre. Point.

Quand j'ai quitté La Table d'Anvers, j'ai entendu : « Il est grillé. Il est fini. De toute façon, il ne sait faire que des desserts de restaurant… » Trois ans et demi plus tard, le vent avait heureusement tourné pour moi.

« Le succès n'est pas final, l'échec n'est pas fatal : c'est le courage de continuer qui compte », disait Churchill.

Lorsque Armen Petrossian, le fondateur de la célèbre boutique éponyme, notamment réputée pour l'excellence de son caviar, me demanda de préparer avec lui l'ouverture du restaurant dont la date était fixée au 21 juillet 1999, je saisis la balle au bond. N'était-ce pas l'occasion rêvée de révéler à tous le travail de la verrine que j'avais mis au point quatre ans plus tôt ?

Mais voilà qu'il me demandait aussi de faire la cuisine !

Certes, j'avais toujours beaucoup cuisiné, y compris à La Table d'Anvers – mon frère virait tout le monde, il fallait bien que je m'y colle. Les cinq premières années, j'ai même jonglé entre la pâtisserie et le garde-manger. Mais de là à accepter un poste de chef de cuisine…

M. Petrossian insiste. Oh et puis, banco ! Nous verrons bien. J'ai connu quelques échecs dans ma vie, mais je m'en suis toujours sorti, non ?

Même si j'ai pris un énorme risque en acceptant le défi, je ne l'ai jamais regretté. D'autant que, six mois plus tard, la salle ne désemplissait pas. Clients et journalistes ont tout de suite adhéré à ma « cuisine de pâtissier ». Je l'ai abordée par le même biais que celui par lequel j'avais abordé la pâtisserie dès l'âge de vingt-trois ans : c'est-à-dire par le goût.

Avec les petits beignets croustillants de tarama à base de pâte à blinis ou cette verrine de pomme verte confite figurant à ma première carte en 1999, je m'éclatais. Celle-ci comprenait une dizaine de goûts différents.

« Mais vous êtes en train de faire de la peinture ! » s'était exclamée Mme Petrossian en assistant à la création de ce « tableau ».

Elle avait vu juste.

Je finissais de rôtir ma pomme pochée au four comme un poulet, et je l'arrosais régulièrement d'un extraordinaire jus de carottes frais assaisonné d'un mélange d'huile d'olive, de sucre, de fleur de sel, de grains de coriandre, de zestes d'orange et de carvi.

Le dressage ? Un jeu d'enfant. Je déposais dans le fond de la verrine un concentré de compote de pommes, les carottes, puis je versais mon jus épais, posais la deuxième partie de la pomme dotée de son petit pédoncule (qui avait cuit en même temps qu'elle au four), et j'y ajoutais un jus de coco grillé, du sucre grain, des zestes d'orange, ainsi qu'une tuile de maïs grillé au pop-corn caramélisé et fleur de sel.

C'était assez rock'n'roll, je vous l'accorde ; mais lorsque l'on plongeait la cuillère dans la verrine, l'ensemble se révélait hyper équilibré et, je crois, d'une grande modernité.

Côté salé, je proposais des menus servis à l'assiette, ainsi qu'un menu « Émotions gourmandes », dont les entrées et les plats se présentaient dans des verres à vodka : agneau de Lozère et « blin » de fruits secs confits dans le jus de cuisson de la viande ; « blin » d'ail coulant avec escargots, cuisses de grenouille, asperges vertes ; risotto carottes-foie gras, jambon Jabugo, etc. Un jour, Pierre Hermé était venu au restaurant et avait goûté ma petite verrine de saumon et son émulsion salée de pomme de terre fumée… J'avais senti qu'il aimait, et j'en avais été flatté.

Je m'appuyais également sur différents légumes pour réaliser des jus courts, conservant la moindre molécule d'eau – et donc de goût. Je voulais que celui de la carotte évolue sans cesse en bouche, qu'il raconte une histoire, de la première à la dernière bouchée. But que j'atteignais en structurant l'assaisonnement.

Lorsque, trois mois et demi après l'ouverture, le *Gault & Millau* me décerna la note de quinze sur vingt, je ne m'y attendais pas du tout. Et un an et demi plus tard, je décrochais un dix-sept sur vingt – et une étoile Michelin.

En ai-je ressenti de la fierté ? Non. Car, comme toujours, je me rabaissais.

Pendant ce temps, Joël Robuchon ne cessait de m'appeler. Parfois même en plein milieu du service.

« Tant que tu ne seras pas installé, je ne te lâcherai pas…

— Je ne suis pas prêt », répondais-je obstinément.

Au bout de deux ans, sans doute lassé par mes refus successifs, il lâcha l'affaire.

En 2000, lors de mon premier voyage à New York pour Petrossian, je décidai de lui adresser une lettre de remerciements. Une heure et demie et six pages manuscrites plus tard, je conclus ma missive par ces mots :

« Monsieur Robuchon, si j'aime et respecte les gens pour ce qu'ils font, je les aime et les respecte avant tout pour ce qu'ils sont. Bien à vous, Philippe Conticini. »

Petrossian m'avait donné carte blanche pour créer un café-boutique sur la 7e Avenue. M'inspirant de ce que je faisais à La Table d'Anvers, je proposai des tartes montées à la minute, des jus, des compotées… Et ce fut un carton plein immédiat.

« C'est incroyable, m'avaient dit des Américains ; en bouche, on dirait de la musique. »

En quelques semaines, je me suis retrouvé à la une des principaux supports de presse spécialisés.

« Tous les cinq ans, il y a un petit génie qui débarque à New York, et je crois qu'on en tient un ! » décréta le patron de *Food Art Magazine*.

Il avait prévu de passer un quart de page sur moi, il en publia cinq.

Je fis même la une du prestigieux *New York Times*, qui m'invita à rédiger huit rubriques successives.

Moi qui avais très peu voyagé auparavant, à part en Europe et au Canada, je passais désormais mon temps dans les avions : Miami, La Nouvelle-Orléans, Tokyo, Kyoto, la Corée, la Chine…

Mais avant de signer mon contrat chez Petrossian, j'avais précisé que je ne resterais que trois ans, me réservant la possibilité de faire du conseil, d'ouvrir un labo et, à terme, une boutique.

Et puis, à la naissance de Chiara, en 2001, j'avais promis à Anne-Lise de ne plus travailler le soir. Je voulais profiter de ma nouvelle vie de papa. L'idée d'imposer à ma fille un schéma similaire à celui dont j'avais souffert enfant m'était insupportable.

Je sais que je n'ai jamais été dans le moule, et je n'y entrerai jamais. On m'a fait l'honneur de me compter parmi les meilleurs pâtissiers du monde ; je ne joue pourtant pas dans la cour des as de la pièce artistique en sucre, ni ne cherche à concurrencer les experts en desserts ultravisuels, qui souvent affolent la Toile. Ce n'est pas ma « patte », ce n'est pas ce dont j'ai envie. Certes, il fut une époque où je me serais battu pour faire partie de « la famille », pour obtenir sa reconnaissance. Mais j'étais sans doute plus jeune, encore beaucoup dans le doute. L'aurais-je d'ailleurs accepté cette reconnaissance ?

Il me semblait qu'elle mettait tant de temps à arriver…

Salon du chocolat, Paris, 2002. En écoutant Gabriel Paillasson, fondateur de la Coupe du monde de pâtisserie, annoncer la constitution de l'équipe qui défendra nos couleurs en 2003, je ne peux m'empêcher de méditer sur les raisons de ma présence à ses côtés. Si l'on m'avait dit que ce MOF pâtissier et glacier, référence absolue dans le métier, me solliciterait un jour pour être président du jury, moi qui n'ai guère pour habitude de fréquenter le sérail des cols tricolores ! Et pourtant, c'est précisément ce qu'il a fait. Je n'en reviens toujours pas d'être sur scène à ses côtés tandis qu'il dévoile les noms d'Angelo Musa, Youri Neyers et Elie Cazaussus, les espoirs français pour ce prestigieux concours bisannuel qui se tient au Salon international de la restauration, de l'hôtellerie et d'alimentation (le Sirha), à Lyon.

Au moment de conclure son discours, Gabriel se tourne vers moi et dit :

« Je remercie encore chaleureusement Philippe d'avoir accepté d'être président du jury… et coach de l'équipe de France ! »

Coach ? Mais qu'est-ce que c'est que cette histoire ?

Si j'avais accepté d'être coach, il me semble que je m'en souviendrais…

Mis devant le fait accompli en public, je fais bonne figure. Backstage, en revanche, c'est une autre chanson. Gabriel tente de me calmer en jouant habilement sur la corde sensible.

« Philippe, le goût, c'est ton truc. Même si l'on ne décroche pas la meilleure note, on peut peut-être figurer dans les deux ou trois meilleurs, non ? »

Il a gagné. Je me prends au jeu. Non sans être conscient que, si nous échouons, on ne me fera aucun cadeau. Le risque est donc immense. À l'époque, je suis encore directeur de création chez Lucien Peltier. En convoquant les gars dans mon labo, je mets les pieds dans le plat.

« J'ignore si vous allez remporter la Coupe du monde, mais si vous me faites confiance, vous ne verrez plus jamais le goût de la même manière en pâtisserie. »

Environ six mois avant la compétition, je multiplie les allers et retours à Lyon, où ont lieu les premiers essais. Il faut faire en sorte que l'équipe ne soit pas qu'une équipe sur le papier, qu'elle se soude, que chacun prenne sa place, que la mayonnaise — ou plutôt la chantilly — prenne.

Parmi les épreuves imposées figure un gâteau tout chocolat. Une gageure pour moi qui ai alors l'habitude de mélanger vingt-cinq goûts différents dans mes pâtisseries. Mais nous relevons le défi ensemble. Et nous proposons un magnifique spécimen baptisé « Papillio », doté d'un insert caramel passion. Je sais que, face à vingt-quatre pays prêts à en découdre, le moindre détail fera la différence. D'où la nécessité absolue de se démarquer de manière simple et surprenante.

À cette époque, personne ou presque n'utilise la fleur de sel en pâtisserie boutique. Il me vient une idée.

« Sur chacune des huit parts qui seront coupées, on va mettre un grain de fleur de sel – pas deux, ni trois –, un seul. Et à un peu plus de la moitié du gâteau. »

Pourquoi à cet endroit précis ? Parce que près de la pointe, c'est trop près. Plus loin, les membres du jury risquent de passer à côté. Quand on doit juger des dizaines de gâteaux, on ménage son estomac. Au moment où ils tomberont sur la fleur de sel, ça fera bam ! dans leur bouche.

Sachant qu'elle contient beaucoup d'eau, je prends soin d'enrober le grain de fleur de sel de beurre de cacao, afin d'éviter qu'il fonde.

À environ deux semaines de l'événement, je sollicite le très respecté Emmanuel Ryon (MOF) pour nous dire ce qu'il pense de notre « Papillio ».

« Il est délicieux, dit-il... mais pas suffisamment fort en chocolat. Or le règlement stipule qu'il doit en contenir quatre-vingt-dix pour cent. »

Nous rectifions le tir en modifiant légèrement la structure de l'assaisonnement. Et, histoire de nous démarquer encore davantage, je rédige des textes bilingues français-anglais, qui expliquent l'histoire de notre création.

« Tu imagines si la France remportait le titre ? » dis-je tout excité à un ami, quarante-huit heures avant la compétition.

En fait, j'espère surtout et simplement décrocher une place sur le podium pour ne pas être la risée des pros.

Le règlement prévoit une succession d'épreuves chronophages – deux entremets, une dizaine de desserts à l'assiette, des bonbons de chocolat, une bombe glacée, etc. Il y a du pain sur la planche. Chaque équipe est à pied d'œuvre dès trois heures du matin.

En me promenant dans les allées, je constate qu'il y a du lourd ! Notamment chez les Belges, coachés par Pierre Marcolini, lui-même ancien champion du monde. Leur organisation m'impressionne. Ils ont même prévu un camion, à l'extérieur, non loin de leur espace de travail, pour débarrasser la vaisselle sale. Malin ! Je suis sincèrement convaincu qu'ils pourraient rafler la première place.

Il est midi. Nous autres, membres du jury, démarrons la dégustation. Plus je goûte les gâteaux des concurrents, plus je trouve qu'ils sont loin de contenir les quatre-vingt-dix pour cent de chocolat requis. Je demande la parole pour le signaler. Verdict des juges : si ce critère n'est pas observé, des points seront enlevés.

Le dessert belge à l'assiette est remarquable, mais je sais que le nôtre, présenté dans une verrine en sucre soufflé, est mille fois plus séduisant. Je ne pourrai pas le juger, bien sûr, mais je suis confiant. Son originalité fera mouche.

L'après-midi, alors que toutes les équipes terminent leurs pièces en sucre, petite frayeur dans le camp tricolore : Angelo a brisé un fragment de la sienne. Heureusement, l'incident passera inaperçu.

Lorsque arrive le moment tant attendu, mille deux cents personnes chauffées à blanc sont sur le pied de guerre. L'ambiance ressemble à celle d'une finale de Coupe du monde de foot. Ça y est. Le compte à rebours est enclenché.

Rrrrrrr. J'espère de toutes mes forces que le roulement de tambour qui précède l'annonce de la troisième place sera pour la France.

« Belgique ! »

Pierre Marcolini est décomposé.

Et moi donc !

D'autant que je lui avais attribué la note de dix-huit sur vingt.

Je commence à douter sérieusement. Si nous n'accédons pas à la seconde marche du podium, nous sommes fichus.

Et rrrrrrr. Elle est pour… le Japon !

Mon sang se glace. Le regard des MOF pèse de plus en plus lourd sur moi.

« Je suis désolé !… » dis-je à mes gars.

Avant de dévoiler le pays qui remportera le trophée, Gabriel Paillasson et son coanimateur, Vincent Ferniot, font durer le suspense.

Rrrrr. Rrrrrr. Rrrrrrrr. Rrrrrrrrrr. Les roulements de tambour s'éternisent et mettent mes nerfs à vif. Dans ma tête, c'est Beyrouth.

Déjà que personne ne comprend mon boulot… Cette fois, je suis grillé à jamais.

« Premier et champion du monde… LA FRANCE ! »

Pendant une poignée de secondes, je suis sonné. Incapable de bouger un orteil.

Quand je prends enfin la mesure de l'événement, des larmes roulent sur mon visage. J'ai tellement vécu le truc de l'intérieur que j'ai l'impression que le champion du monde, c'est moi !

Mes gars hurlent, m'enlacent, brandissent la médaille. Un à un, les MOF s'avancent pour me serrer la main. La sincère lueur de reconnaissance que je vois briller dans leurs yeux m'inonde de bonheur. Enfin, j'ai gagné leur respect. Je le sens, je le sais : cela va changer beaucoup de choses. Conscients de mon implication, les professionnels vont désormais me considérer.

Je ne me trompe pas.

Les demandes d'interviews s'enchaînent à un rythme effarant. Harcelé par les journalistes de la chaîne Gourmet TV, je leur demande juste une minute de patience, le temps d'appeler ma femme pour lui annoncer la nouvelle.

« Bébé, la France a gagné ! » lui dis-je simplement, d'une voix émue.

Plus tard, à la maison, quand elle m'embrassera le plus tendrement du monde en me disant « Je ne suis pas étonnée. Tu as trop de talent, mon cœur ! », je chialerai comme un gamin.

Vers vingt-trois heures, rompu de fatigue, je décide de zapper le dîner de gala auquel assistent pas moins de quatre cents convives. À peine suis-je arrivé à mon hôtel qu'une voix me hèle : « Philippe ! » C'est Gabriel Paillasson.

« S'il y en a bien un qui mérite la médaille, dit-il en me la glissant dans la main, c'est toi. Merci pour ce que tu as fait pour l'équipe. »

De toute ma carrière, je ne me rappelle pas avoir vécu un moment aussi beau.

Je songe alors à mon père, qui n'a jamais cessé de me répéter que je finirais sous les ponts.

Une fois rentré à la maison, sans même prendre le temps de défaire ma valise, je sortirai la précieuse médaille ornée du col « Champion du monde », et je la déposerai sur son urne funéraire en murmurant :

« Tiens, c'est pour toi, papa. »

Elle n'en a jamais bougé depuis.

Mais je crois savoir quelle aurait été sa réaction s'il avait été encore en vie.

« Tu gagnes combien, déjà ? OK. Alors dis-toi que tu as encore du boulot ! »

Nous n'avons jamais eu la même conception de l'existence. Il ne jurait que par l'argent pour sortir de sa condition. J'estime que l'on doit avant tout s'élever humainement pour réussir sa vie. Quand on a ouvert La Table d'Anvers, il mettait sans cesse en doute mes capacités.

« Tu es sûr qu'il va arriver à faire des desserts ? » répétait-il à mon frère.

Même Christian trouvait qu'il exagérait.

« C'est bon, arrête, papa ! Il a fait le Gray d'Albion, il a travaillé chez Peltier... Bien sûr qu'il va y arriver ! »

Il avait raison.

J'apprends vite, et j'ai toujours su tirer profit de la moindre occasion pour acquérir des connaissances : l'art du chocolat, de l'entremet ou du décor chez Peltier, le dessert à l'assiette et le tour au Gray d'Albion...

« Comment peux-tu douter de mes capacités ? m'indignais-je. Je travaillais jusqu'à dix-huit heures par jour à Cannes ! »

Plus tard, en constatant que, en effet, j'assurais, il n'a plus jamais remis cela sur le tapis.

En 1992, un certain Éric, client de La Table d'Anvers, nous régalait régulièrement de quelques tours de close-up à la fin du repas. Cette magie rapprochée, qui consiste à se produire à deux doigts des spectateurs, m'a toujours fasciné. Un jour, n'y tenant plus, je lui demandai de m'apprendre. Il refusa. Puis, voyant que mon but n'était pas de connaître ses trucs mais de passer de l'autre côté, il finit par m'orienter vers un club de magie.

« Demande Untel de ma part, il pourra te donner des cours. »

Je ne me suis pas fait prier.

La première fois qu'Untel est venu chez moi, il avait apporté deux jeux de cartes ; un pour lui, un pour moi. J'étais censé m'exercer le plus souvent possible, histoire d'acquérir un maximum d'agilité. Au début, nous nous sommes vus deux heures par semaine, puis quatre. Au bout de onze mois, je maîtrisais les bases, et j'étais capable de bluffer un spectateur à cinquante centimètres de moi…

Parmi les clients réguliers de La Table d'Anvers, j'accueillais souvent Pierre Lescure et les animateurs de Canal+. Lorsqu'ils organisaient des fêtes, ils me demandaient généralement de faire le gâteau.

En 1995, convié à l'anniversaire de Valérie Payet, je me retrouvai au milieu de stars en tous genres, dont Louis Bertignac. Ne connaissant de l'ex-membre du groupe Téléphone que ses talents de bassiste et de chanteur, je fus surpris d'apprendre qu'il maniait aussi l'art du close-up. Après qu'il eut exécuté deux ou trois tours à la demande générale, Valérie se tourna vers moi :

« S'il te plaît, Philippe, toi aussi, fais un tour pour nous ! »

Je ne l'avais pas ramenée jusqu'à présent. Par timidité ou parce que je n'avais pas envie d'avoir l'air de faire une « compétition » de magie.

Je déclinai la proposition, et puis, devant l'insistance générale – le chef qui fait des tours ! –, je finis par céder. Trois petits tours dont je n'étais pas peu fier. J'avais mis Louis à contribution, qui se prêta de bonne grâce au jeu, et nous ne nous sommes plus quittés de la soirée.

Je ne dirais pas que la magie a exercé une influence particulière sur mon travail, mais j'y vois néanmoins une certaine analogie avec la pâtisserie.

Dans chacune de ces disciplines, que l'on soit amateur ou professionnel, le plus important n'est pas de comprendre le tour, mais de rêver. De continuer de s'émerveiller de la prise d'une crème pâtissière dans une casserole, par exemple.

J'ai beau faire depuis trente-six ans des pâtes à brioche et exécuter les mêmes gestes, le petit miracle de la nature qui s'opère devant mes yeux me subjugue toujours autant. Il y a le pétrissage, l'homogénéisation, le réseau glutinique qui donne du corps à la pâte, le moment où elle commence à filer... Aucun détail de sa structure ne m'est étranger. Je sais que, lorsque je vais la déchirer, les fils seront parfaitement visibles. Je connais par cœur le type de sensations – entre moelleux et fondant – que je vais ressentir en bouche. Et vous savez quoi ? Tout cela me rend heureux.

« C'est absolument génial ! s'était exclamé un jour un ami en goûtant mes fameuses croquettes au chocolat. Comment fais-tu ? »

Au fur et à mesure que je lui dévoilais la recette, je lisais une certaine déception sur son visage. Il s'attendait visiblement à quelque chose de plus sophistiqué.

« C'est tout ?! » fit-il, dépité.

Oui, c'est tout.

Mais le résultat est bluffant.

N'est-ce pas ce qui compte le plus ?

Moralité : ayons l'intelligence et l'humilité de continuer à nous émerveiller. Pas seulement de la beauté d'une femme, d'un tableau ou d'une star de cinéma. Mais aussi de ce que l'on a. Et songeons à ces peuples qui ont si peu – en Inde, au Salvador, en Afrique.

En un mot comme en cent, gardons notre âme d'enfant !

Je me suis toujours débrouillé seul. Y compris pour faire face à des difficultés auxquelles personne ne m'avait préparé.

Si la réalisation d'un gâteau ne m'a jamais posé de problème, m'organiser pour en sortir cinq mille tous les après-midi, comme à La Pâtisserie des Rêves, fut un véritable challenge.

Mon nom reste intimement lié à celui de La Pâtisserie des Rêves. Aujourd'hui encore, il ne se passe pas un jour sans que les gens me parlent de cette enseigne, dont j'ai été le cofondateur et le directeur de création.

Lorsque je me lance dans l'aventure en 2007, je laisse à mon sous-chef les commandes d'une minuscule boutique que j'avais ouverte place du marché Sainte-Catherine et où je proposais biscuits et confiseries.

En rejoignant La Pâtisserie des Rêves, j'avais émis deux conditions : embarquer avec moi Angelo Musa et réaliser des classiques.

J'en avais assez d'entendre dire que mon travail était compliqué. Techniquement, je savais qu'il ne l'était pas, mais l'aspect novateur de mes gâteaux laissait manifestement supposer le contraire. Les classiques mettraient tout le monde d'accord. Du moins le croyais-je.

Mais vous me connaissez un peu, ce n'est pas parce que j'avais décidé de faire des classiques que j'allais pour autant reléguer ma créativité au vestiaire.

Ma version allégée du Paris-Brest en est sans doute la preuve la plus emblématique. Comment aurais-je pu me contenter de la recette de base ? Nous n'étions plus dans les années 1980 ! Mais maintenir la densité de la crème tout en diminuant les proportions de beurre représentait un sacré défi. Le beurre est un vecteur de goût, et si la crème tient, c'est essentiellement grâce à lui.

Après plusieurs essais, je finis par trouver la solution : une crème pâtissière sans farine, avec soixante-dix pour cent de beurre en moins. En la foisonnant, je suis parvenu à créer un réseau de bulles que j'ai amplifié en introduisant de la gélatine, connue pour son phénoménal pouvoir d'émulsion. Ô miracle ! La crème tenait grâce à l'air !

Quant au praliné, il me suffisait de l'introduire sous forme d'insert pour qu'il reste coulant à la dégustation. Ce Paris-Brest original a remporté tous les suffrages.

Parti sur ma lancée, j'ai également revisité la tarte Tatin.

Qu'est-ce qu'une Tatin ? Une tarte aux pommes ? Que nenni. C'est un mélange de beurre, de sucre et de pectine – substance gélifiante contenue dans certains fruits, dont la pomme.

Chez Peltier, la Tatin se faisait dans un moule à manquer dont le fond était tapissé de caramel. Cela me chagrinait.

Pour moi, une Tatin digne de ce nom, ça se fait comme ma mère me l'a appris : dans une sauteuse pour avoir une bonne conduction de chaleur. Il se produit alors un phénomène extraordinaire : le beurre commence à fondre, le sucre tombe dans le beurre. À un moment donné, ça commence à « buller » et à cuire la pomme. La matière qui sort du fruit retombe dans le mélange sucre-beurre, relâchant au passage un peu d'acidité et de pectine. Les sucres redescendent, ça remonte, ça retombe, ça remonte, ça retombe… Et ainsi de suite jusqu'à ce que ce subtil « up and down » confise totalement la pomme.

Voilà ce que c'est, une Tatin.

Mais comment reproduire le principe au four, et à l'échelle d'une boutique ?

Il me fallait à tout prix une chaleur vive. Au bout de six mois d'essais, je mis au point la technique en déposant du caramel au fond d'une terrine et en y montant des pommes très finement taillées. Après avoir testé une vingtaine de variétés, j'avais choisi la golden pour sa forte teneur en pectine. Au dernier moment, je portais à frémissement un sirop composé d'eau, de beurre, de sucre, de jus de citron, de vanille grattée et d'un peu de fleur de sel. Une fois que mon « up and down » avait agi, je le versais sur les pommes, avant d'enfourner pour une durée de quarante-cinq minutes environ.

À la sortie du four, il me suffisait d'exercer une pression sur les pommes – comme on presse un foie gras après cuisson –, et zou ! Au frigo. Vingt-quatre heures plus tard, la pectine avait joué son rôle de gélifiant. Encore un petit coup au four pendant dix minutes, directement sur le feuilletage inversé bien doré, et voilà.

Le résultat était top.

Dans un autre ordre d'idée, la structure particulière de mon chausson aux pommes ne laissa personne indifférent. Roulé dans un sucre cassonade, il était garni d'une compote de pommes pink lady et de golden poêlées caramélisées, assaisonnées de fleur de sel et de citron.

Bien sûr, il y eut aussi quelques créations originales en dehors des classiques. Notamment le « Cylan » (citron, chocolat blanc, thé jasmin), dont le crémeux chocolat au lait « poussait » merveilleusement le goût du jasmin…

Dès l'ouverture de La Pâtisserie des Rêves, le 1er septembre 2009, le succès est au rendez-vous. J'avais demandé à l'équipe de sortir mille huit cents pâtisseries durant le weekend, et, à une centaine près, nous les avons toutes vendues. Vers quatorze heures, il ne restait plus une miette de sablé.

Le lendemain, à quinze heures : pareil – même en doublant les quantités. Et le surlendemain, itou.

Je me suis dit : « Il se passe un truc. » Une sorte de buzz, dirait-on de nos jours.

La suite me l'a confirmé.

Ces vingt dernières années, les chaînes de télévision m'ont beaucoup sollicité pour participer à tel ou tel programme. Je suis intervenu au moins six fois dans « Le Meilleur Pâtissier », mais aussi dans « Le Meilleur Pâtissier - Les Professionnels » (M6), ou encore dans « Qui sera le prochain grand pâtissier ? » (France 2).

Mais, à l'époque de La Pâtisserie des Rêves, je ne jouissais pas d'une notoriété aussi importante. La seule émission de télé que j'avais tournée était « Jeux de goûts », une pastille de quatre minutes dont les quarante épisodes avaient été multirediffusés pendant quatre ans à partir de 2007 – d'abord sur Odyssée *, puis sur Cuisine TV.

J'avais accepté ce challenge à condition qu'on me laisse carte blanche pour expliquer aux téléspectateurs comment s'éclater en cuisinant des produits du quotidien. Ce terrain de jeu, quasi illimité, me plaisait.

Savez-vous qu'à partir d'une sauce tomate en boîte bien réassaisonnée, il est possible de réaliser une croquette savoureuse ? Vous en doutez ? Versez la sauce dans un moule souple, recouvrez-la de fromage doux crémeux, type Caprice des dieux, et passez le

* Chaîne du groupe TF1, rebaptisée Stylia.

tout au congélateur. Démoulez les croquettes ainsi formées, et faites-les frire après les avoir panées à l'anglaise. Vous m'en direz des nouvelles...

Il vous reste des petits pois surgelés ? Je vous promets une savoureuse verrine façon « carbonara » si vous ajoutez de la vieille mimolette, une demi-gousse de vanille grattée, du chorizo et l'incontournable jaune d'œuf cru.

Pour le dessert, pourquoi ne pas remplacer le feuilletage d'une banale Tatin surgelée par un palet type « Roudor » arrosé de jus d'orange ? Laissez décongeler les pommes, puis ajoutez-leur un trait d'huile d'olive, de la vanille et un peu de fleur de sel. Encore une gousse de vanille posée en travers, quelques gouttes supplémentaires d'huile d'olive, de la crème liquide – et rideau ! Même un pro en restera baba.

Si je vous parle de mon passage à La Pâtisserie des rêves, ce n'est pas pour ajouter une ligne supplémentaire à mon curriculum vitae et vous infliger un panorama exhaustif de mes compétences. C'est parce que en remplaçant des bases de gâteau désuètes par d'autres procédés plus en phase avec les années 2000, j'y ai découvert le travail de la matière et de la densité. En outre, pour la première fois, je réduisais mes étapes de création de dix à quatre ou cinq maximum. Une petite révolution !

Ces « classiques » sont devenus les gâteaux les plus créatifs que j'aie jamais réalisés.

Mais encore eût-il fallu être en mesure d'en expliquer les codes… Et, à l'époque, les mots me faisaient cruellement défaut.

Résultat : le message n'est pas passé.

Pire, la presse m'a bombardé gardien du temple des classiques, alors que mon objectif consistait simplement à être lisible.

Rageant, non ?

Le succès de La Pâtisserie des Rêves me rend heureux, mais je suis « défoncé » de fatigue. Normal : j'attaque dès l'aube, j'enchaîne les interviews… Et je pèse deux cents kilos. Au bout d'un moment, le corps ne suit plus.

La banale intervention chirurgicale que je dois subir tombe à pic. Elle m'obligera au moins à faire une pause.

J'entre à la clinique parisienne Geoffroy-Saint-Hilaire le 4 janvier 2010 pour un bypass gastrique – un « standard » de la chirurgie de l'obésité, qui consiste à réduire le volume de l'estomac et à modifier le circuit alimentaire. Mais rien ne se passe comme prévu. Je suis en train de pourrir de l'intérieur.

Lorsque je me retrouve de nouveau au bloc, quinze jours plus tard, j'ai de bonnes raisons de grelotter de peur et de douleur. Le sort va s'acharner. Bilan des avaries : péritonite aiguë, septicémie, surinfection des organes vitaux (reins, foie, pancréas, etc.). On finit par me transférer à l'hôpital Bichat.

À un moment, mon cœur cesse de battre. J'aurais dû mourir.

Ma paroi abdominale est tellement pourrie qu'on doit la gratter et la laver avec six cents litres d'eau pure. Je devais rester une semaine à l'hôpital, je vais y séjourner environ seize mois, dont deux mois de coma. Le temps de faire trois pancréatites, deux chocs septiques. Et de tutoyer quatre fois la mort.

Février, mars, avril, mai... Les mois défilent. Lorsqu'un infirmier me demande : « Cet été, vous préférez qu'on vous nettoie le matin, le midi ou le soir ? », je comprends que je suis loin d'être tiré d'affaire.

« Bats-toi ! m'ordonne Anne-Lise. Pour Chiara, pour moi. »

Et je me suis battu, avec toute ma volonté, pour les deux femmes de ma vie.

Tant que l'intestin n'était toujours pas raccordé à l'estomac, il m'était interdit d'ingurgiter quelque liquide que ce soit. Être privé de nourriture ne me dérangeait pas tant, mais de boisson, ô combien ! Quel bonheur quand j'ai pu obtenir une miniseringue d'eau deux fois par jour.

Un jour, un ami m'apporte une eau aromatisée, dont je sirote quelques gouttes. J'en éprouve un tel bien-être que j'en rêve durant la nuit. Je suis aussi infiniment rassuré de constater que je n'ai pas perdu mon goût. Aujourd'hui, je ne peux plus les encadrer, ces eaux à la menthe ou à la fraise que mes amis m'apportaient. À cette époque, c'était ma seule et unique petite ouverture sur le monde du goût. Ce goût si important, vital pour moi. Je suis un miraculé béni du dieu du sucre : il n'aura finalement pas été nécessaire de procéder à l'ablation d'une partie de mon pancréas, et j'ai échappé du même coup au diabète.

Onze mois après mon admission à l'hôpital, au terme de treize longues heures d'intervention, « le tuyau est enfin remis sous le lavabo ». Suis-je tiré d'affaire pour autant ? Hélas, non. Les fistules refont leur apparition, et je passe au bloc toutes les quarante-huit heures. À en croire mon infirmière préférée, les médecins doutaient que je puisse remanger un jour.

Les doses phénoménales de médicaments qui me sont administrées me font délirer. Je suis une goutte d'eau. Au moment où j'explose, me voilà propulsé dans un vaste jardin, où je retrouve Anne-Lise et Chiara. Curieusement, je reste conscient de ce qui m'entoure. Et j'entends les médecins dire à ma femme : « On ne sait pas s'il va s'en sortir. » Je ne suis donc toujours pas près de rentrer chez moi ?

Je craque. Je ne pleure pas, je hurle.

« Enfin ! s'exclament les médecins. Vous auriez dû lâcher depuis longtemps... Faites tout sortir ! »

Ce jour-là, Anne-Lise ne me quitte pas une seconde.

À un peu plus de treize mois d'hôpital, alors que je viens de subir mon avant-dernière intervention, j'ai le moral dans les chaussettes. L'esprit encore embrumé par les effets de l'anesthésie, il me semble entendre parler pâtisserie. Suis-je encore en train de délirer ?

Pas du tout.

« Je n'arrive pas à réussir ma mousse au chocolat », se plaint une infirmière à sa collègue.

Une sorte de signal retentit en moi. Levant timidement la main pour attirer son attention, je m'entends dire :

« Madame, vous voulez que je vous donne un coup de main pour votre mousse ?... »

C'est parti.

« Vous allez mettre moins de ceci, un peu plus de cela. Vous allez monter les blancs de cette manière… »

L'autre infirmière, qui n'en perd pas une miette, ose.

« Euh… Pour la tarte aux pommes, vous auriez quelques tuyaux ? »

Au fur et à mesure que je parle cuisson, pâte feuilletée, assaisonnement, mon visage s'éclaire, je me détends, et, à l'issue de la conversation, je vais nettement mieux.

À ce jour, je ne connais pas d'antidote à la déprime plus efficace.

« Ce soir, vous allez remanger ! » m'annonce-t-on un après-midi.

N'ayant rien avalé de solide depuis quatorze mois et demi, j'accueille la nouvelle avec la plus extrême prudence. En même temps, si cette faveur m'est accordée, c'est que je suis tiré d'affaire, non ? Laissons venir…

À dix-huit heures, en effet, une aide-soignante débarque dans ma chambre avec un plateau chargé de purée de pommes de terre, d'une tranche de pain de mie sans croûte et d'un verre d'eau. Je n'en reviens pas.

« Normalement, ça doit passer. Mangez doucement. Et profitez bien ! »

Les habitudes reviennent instantanément au galop. Je trempe le pain dans la purée, et je laisse mes papilles se délecter de ce mélange providentiel. La première bouchée me fait l'effet d'une bombe. Cette purée à l'eau est absolument dégueulasse, mais, bon sang, quelle sensation ! Elle reste de loin la meilleure que j'aie jamais mangée de ma vie…

Lorsque je quitte Bichat sur un brancard, quinze mois après mon arrivée, c'est pour intégrer un centre de rééducation, à une quarantaine de kilomètres de Paris. Le seul qui veuille bien de moi. Craignant que je décède sur place et que je porte plainte, tous les autres ont déclaré forfait.

Mes muscles ont fondu et, si je parviens à esquisser quelques pas avec un déambulateur, je me déplace surtout en fauteuil roulant. Pour que je retrouve un maximum de mobilité, il me faudrait huit heures de rééducation par jour au lieu de la malheureuse demi-heure qui m'est accordée…

Je n'ai qu'une obsession : rejoindre le service du professeur Philippe Thoumie, spécialiste de la médecine physique et de la réadaptation à l'hôpital Rothschild. Connaissant sa réputation, je suis convaincu que lui seul pourra m'aider à atteindre mon but.

Lorsque j'arrive enfin à joindre sa secrétaire, je la supplie de m'obtenir un rendez-vous.

« Laissez-moi au moins une chance de lui expliquer la situation ! Je suis sur le point de perdre l'usage de mes jambes, de mon bras et de ma main. C'est catastrophique. »

Quarante-huit heures plus tard, le professeur Thoumie me reçoit.

« Qu'attendez-vous de moi ? me demande-t-il.

— Je veux passer entre vos mains, ne serait-ce que quelques jours. Je suis prêt à me battre comme un lion, vous savez.

— Entendu. Je vous prends trois semaines. Et je vous adresse ensuite à un centre de rééducation proche de chez vous, en hôpital de jour. Ça vous va ? »

Et comment ! Je vais tout mettre en œuvre pour être un super patient, me défoncer sans compter jusqu'à six heures par jour.

Cerise sur le gâteau : je maigris.

Durant les deux premiers mois de mon hospitalisation, je ne me suis accordé aucune distraction. Ouvrir un livre, lire le journal, regarder la télévision : tout cela était au-dessus de mes forces. Comme chaque fois que j'ai traversé des moments de crise et de doutes intenses, y compris dans mon parcours professionnel, j'ai eu besoin de me vider la tête. Je ne baisse pas les bras, mais j'appuie sur « Pause ». Jusqu'à ce que je juge opportun d'enfoncer de nouveau la touche « Play ».

À ma sortie du coma, je me suis mis en mode guerrier : « Encore une journée de passée, maintenant il faut passer la prochaine », me disais-je.

Et pour le corps médical, ma guérison demeure une énigme.

« Votre guérison, vous ne la devez qu'à vous-même, m'a dit un jour une infirmière. Vous vous êtes battu avec un acharnement hors du commun. »

Mais sans la présence de ma femme et de ma fille, me serais-je défoncé autant ? Quoi qu'en pense Anne-Lise, j'en doute.

L'hôpital aura été une épreuve pour toute ma famille. Pendant les quatre premiers mois, Chiara n'a pu me voir ; elle était trop jeune pour y être autorisée. Notre première conversation n'a pu se faire que par vidéo.

Aujourd'hui encore, j'ai un mal fou à regarder ces images jusqu'au bout. Avec ses couettes et sa petite voix, ma fille m'émeut aux larmes.

Combien de fois ai-je eu peur de perdre le goût, durant ces longs mois de calvaire !

Je me souviendrai toujours du jour où Chiara est entrée dans ma chambre d'hôpital à l'heure du goûter. Au moment où elle a sorti son yaourt à boire aux fruits de la passion, j'ai soudain eu un flash.

« Stop ! Secoue-le bien, ouvre-le et donne-moi le bouchon sans le faire tomber, s'il te plaît », lui dis-je.

Intriguée, Chiara s'était exécutée.

Le seul moyen de savoir si je n'avais rien perdu de ce sens qui m'est si cher, n'était-ce pas de me jeter à l'eau ?

Une vague d'angoisse me traversa. Et si je ne sentais plus rien ? Bien sûr, je ferais avec. Mais une flamme s'éteindrait définitivement. J'aime trop manger.

Je n'ai pas dit bouffer mais manger, faire à manger. Plus qu'aimer, c'est une véritable passion. Servez-moi une souris d'agneau confite de sept heures, de la purée et un cornet de frites, mon péché mignon : j'exulte. Et, pour peu que je partage cette assiette avec la personne qui me connaît le plus au monde, ma femme Anne-Lise, je nage dans la félicité…

Saisissant le bouchon entre mes doigts, je le déposai fébrilement sur ma langue, les yeux mi-clos. Baoum ! Une explosion de saveurs ébranla mes papilles, suivie aussitôt d'une onde de soulagement. Non, je n'avais pas perdu le goût.

Durant cette longue parenthèse forcée, ma priorité absolue n'a plus été la pâtisserie, mais la vie, ma femme, ma fille, mes amis. Il faut passer à autre chose ; sinon, comment continuer d'avancer ?

En songeant au jour où je serais tiré d'affaire, je me voyais tout naturellement rentrer à la maison. Mais lorsque le jour J est arrivé, j'ai compris que revenir chez moi signifiait plus que jamais retrouver qui j'étais. J'ai perdu quelques plumes aux détours de cette histoire. J'ai perdu soixante-dix pour cent de l'usage de mon bras et de ma main droite. C'est ainsi, et je l'accepte. J'ai évolué, mais je suis resté fondamentalement le même, j'ai conservé mon goût, ma capacité de communiquer à travers lui, ma passion de vivre et de partager.

L'hôpital ne m'a pas tué. Il a simplement changé considérablement ma façon de voir les choses, et donc de travailler.

Un nouveau départ.

Lorsque je regagne enfin mes pénates, je ne rêve que d'une chose : passer une semaine en tête à tête avec Chiara. Faire des choses que nous n'avons encore jamais faites ensemble, comme une croisière en bateau-mouche sur la Seine, par exemple. Je revis. Et elle aussi.

En revanche, mon retour à La Pâtisserie des Rêves, le 5 septembre 2011, a un goût amer. La majeure partie de l'équipe a changé, et la qualité en a pris un coup. Je décide de reprendre les gâteaux en main – tout en me ménageant. Plus question d'être sur le pont dès quatre heures du matin.

Mais petit à petit, en remettant le doigt dans la création, ça repart comme en quarante. Du moins au début. Car, décidément, rien ne va plus. Les points de désaccord avec mon associé se multiplient.

Fin 2015, la rupture est consommée.

Afin de compléter le communiqué de presse de Daniel Mercier, le nouveau repreneur, je tiens à rédiger une lettre ouverte où j'explique que je suis de moins en moins en phase avec les politiques de stratégie, de recrutement, de communication, du suivi de la qualité – bref, de l'organisation du travail en général –, et, surtout, avec les volumes démultipliés des produits issus de mes recettes. Je ne me suis jamais occupé de leur développement international, à l'exception de la mise au point de quelques recettes pour le Japon et le Royaume-Uni. Par conséquent, le 1er janvier 2016, je demande à La Pâtisserie des Rêves de retirer mon nom de tout support de vente et de communication.

D'aucuns qualifieront cette aventure d'échec. Surtout les financiers. J'ai une tout autre perception des choses. Certes, il m'a fallu du temps pour faire le deuil de La Pâtisserie des Rêves, mais cela m'a donné – de nouveau – l'occasion de repartir à zéro. Avec, cette fois, la perspective de monter une boutique. Et dès que j'ai rencontré Yoav, mon associé d'aujourd'hui, le rêve est devenu réalité.

8 juillet 2007. Sortie en salle de *Ratatouille*.

Un film d'animation qui parle de cuisine, voilà qui n'est pas courant. D'autant que, dans l'histoire du héros, un petit rat passionné de gastronomie, il y a tous les ingrédients pour me plaire.

Rémy doit affronter la désapprobation de sa famille et la haine d'une profession où les rongeurs de son espèce représentent la pire des nuisances. Heureusement qu'il peut compter sur l'esprit de son mentor, Auguste Gusteau. Guidé par le fantôme de ce chef prestigieux (qui meurt peu de temps après qu'un critique culinaire a descendu en flèche son restaurant, occasionnant la perte d'une étoile), Rémy pourra réaliser son rêve et montrer que la cuisine est à la portée de tous…

Bien calé dans mon fauteuil de cinéma, je regarde l'animal mélanger un champignon, un morceau de fromage et un condiment.

« Chaque saveur est unique, explique-t-il. Mais si vous la combinez à une autre, vous obtenez quelque chose de totalement nouveau ! »

Ça alors ! C'est exactement le discours que je tiens depuis des années ! Ne faisais-je pas instinctivement la même chose devant *La Planète des singes* avec mes sandwiches géants ? N'ai-je pas récidivé en toute conscience chez Petrossian, en associant jusqu'à vingt goûts différents dans une verrine ?

Je ne suis pas au bout de mes surprises.

« Personne n'a le droit de vous imposer des limites, affirme le chef Gusteau. Votre propre limite, c'est votre âme. [...] Le véritable génie n'appartient qu'aux audacieux. »

De plus en plus chamboulé par ces dialogues qui font tant écho à ma propre histoire, j'atteins le paroxysme de l'étonnement lorsque Anton Ego, le redouté critique gastronomique, s'apprête à manger une ratatouille que lui a préparée Rémy. Dès la première bouchée, le voici terrassé par l'émotion. La ratatouille, c'est sa madeleine de Proust, LE plat que sa mère lui faisait quand il était petit. Sans le savoir, le petit rat a tapé dans le mille.

Je suis devant un dessin animé, et de grosses larmes roulent sur mon visage.

J'attrape la main d'Anne-Lise. Elle a compris. Compris que ce que je porte en moi depuis des années, ce que je défends contre vents et marées, les studios américains Pixar viennent d'en faire un film.

Partager ce moment avec ma femme et ma fille me bouleverse. Une pensée trotte dans ma tête : le monde entier va enfin avoir accès à cela.

« Pourquoi ne parles-tu pas ? Il n'y a que ton frère qui prend la parole », me disaient les journalistes au début de notre duo à La Table d'Anvers.

« Je ne sais pas, j'apprends », répondais-je.

L'un d'eux avait ajouté :

« Tu te rends compte que tu as trois étoiles au-dessus de la tête, avec tes desserts ?

— Je ne sais pas, j'apprends. Le jour où je saurai, je m'exprimerai… »

Même si la revue de gastronomie *Thuriès Magazine* m'avait confié une rubrique sur la création, peu de temps après mon départ de La Table d'Anvers, ce n'est qu'en 2015 que je me suis senti prêt à partager mes connaissances avec le grand public.

Je vous l'ai dit : j'ai taillé ma route seul sur le chemin initiatique du goût. Et parce que j'ai beaucoup souffert de n'avoir pu échanger avec d'autres, j'accorde une importance cruciale à la transmission. Non par esprit de revanche, mais pour donner aux gens ce que j'aurais tellement rêvé que l'on me donne étant jeune.

N'est-ce pas merveilleux de montrer que la pâtisserie est un art majeur, à l'instar de la littérature ou de la peinture ? Et en plus à la portée de tous, car, quelle que soit son erreur, on retombe toujours sur ses pattes. Même une crème tranchée (ça tranche lorsque la phase grasse se désolidarise de la phase aqueuse – vous saurez tout dans mon prochain livre !) peut aisément être récupérée, voire devenir un atout.

J'aime transmettre ces choses que j'ai acquises sur le terrain. Au CAP, on n'apprend pas à se servir de l'eau, de la lécithine et des protéines contenues dans un jaune d'œuf. Quel dommage !

À ma sortie de l'hôpital, je parlais beaucoup d'assaisonnements. J'ai compris depuis qu'il n'était pas indispensable de réaliser des jus concentrés, ni de s'appuyer sur les techniques de cuisine pour accéder au goût, au plaisir et à l'émotion. Le plus important, c'est la matière.

En revisitant le Paris-Brest à La Pâtisserie des Rêves, en 2009, j'abordais déjà le sujet, sans avoir les mots pour l'expliquer. Pas étonnant que la presse ait toujours voulu me coller des étiquettes : « spécialiste des classiques », « spécialiste de la pâte à chou » le jour où j'ai créé une crème brûlée à base de pâte à chou sans cuisson…

Mesdames et Messieurs les journalistes, n'essayez pas de me ranger dans des cases, s'il vous plaît. Vu mon tour de taille, je n'ai aucune chance d'y entrer, et je ne suis spécialiste de rien du tout. Je suis moi. Point.

Ces malentendus ne m'étonnent guère, au fond. À part ma femme, ma fille et mes amis proches, personne ne me connaît réellement. Pas même ce journaliste qui avait glissé un jour dans une conversation : « Toi qui es une star…

— Une star ? avais-je aussitôt rectifié. Un mec bien, ce serait déjà pas mal ! »

Parallèlement au lancement de mes ateliers du goût, fin 2015 dans les locaux de mon laboratoire de création à Gennevilliers, le magazine *Fou de pâtisserie* m'avait sollicité pour rédiger une rubrique sur le sujet. Si j'ai cessé cette collaboration au bout d'un an et demi, c'est parce que j'étais en train de déflorer le contenu d'une future publication. Mais l'exercice eut au moins une vertu : il me permit de peaufiner mon discours.

Environ dix jours avant le lancement du tout premier *atelier du goût*, que j'intitulai mystérieusement « Assaisonnement par l'air » –, je décidai d'organiser une répétition en conviant une quinzaine de blogueuses spécialisées. Leur accueil enthousiaste m'encouragea à sauter dans le grand bain.

Le jour J, les douze places étaient réservées. Poussés par la curiosité, sans trop savoir à quelle sauce ils allaient être mangés, des hommes et des femmes de tous âges s'étaient déplacés. Parfois de très loin.

Aujourd'hui encore, en échangeant avec les participants aux ateliers, à la fin d'un cours, je suis toujours surpris d'apprendre que certains ont fait le voyage depuis l'Algérie, ou le Liban… Une Suissesse de soixante-dix ans est même revenue six fois ! « Au début, je ne comprenais rien, m'a-t-elle avoué. La troisième fois, j'ai compris que vous étiez en train de parler une langue étrangère. Au quatrième atelier, je vous ai écouté différemment. Et au sixième, tout s'est éclairé ! Je parlais votre langue. Ça a complètement changé ma façon de faire la pâtisserie. »

Très vite, je comprends aussi que je peux communiquer par le biais des réseaux sociaux

– à condition que mes posts me ressemblent totalement. Le lancement en live des ateliers sur Internet fait un tabac. À chaque nouvelle recette, près d'un million de personnes me suivent à travers leur écran.

À l'instar des acteurs de stand-up qui s'adaptent en permanence à leur auditoire, j'aime improviser en fonction du groupe auquel je m'adresse. Il y a un an, j'ai même joué la comédie pour exaucer le vœu d'un futur marié.

Croyant assister à un simple cours de pâtisserie, la promise, une demoiselle de vingt-cinq ans, originaire du Midi, était loin d'imaginer ce qui l'attendait réellement.

« Vous voyez, dis-je à la fin de l'atelier, c'est formidable de parvenir à toucher les autres rien qu'avec des gâteaux. »

Puis, m'adressant à la jeune femme :

« Il peut même arriver qu'une personne tombe amoureuse de vous. Vous êtes en train de pâtisser, et boum ! On vous demande en mariage. Ce serait top, non ?

— Oh oui ! » fait-elle sans trop comprendre où je veux en venir.

C'est le signal convenu. Ma collaboratrice lance les premières notes de sa chanson préférée tandis que le prétendant entre discrètement dans la pièce.

« Vous connaissez cette musique, n'est-ce pas ? Alors imaginez la scène : vous êtes dans votre cuisine, elle passe à la radio pendant que vous êtes en train de faire un gâteau, et c'est alors que… »

… C'est alors que son amoureux s'agenouille devant elle, sort une magnifique bague, et lui demande d'une voix émue : « Veux-tu m'épouser ? »

Inutile de préciser que le « oui » qu'elle prononça en larmes devant une assemblée médusée fut accueilli par un tonnerre d'applaudissements.

« Chacun son goût », a-t-on coutume de dire.

Mais pourquoi telle personne apprécie le salé quand telle autre ne jure que par le sucré ? Parce que le goût vient de notre vécu et est conditionné par notre propre environnement géographique, culturel, climatique ou encore familial.

Imaginons un instant que vous naissiez en France et que, à l'âge de trois ans, vos parents vous envoient vivre au Japon. À vingt-cinq ans, que mangeriez-vous ? Du steak-frites et de la blanquette de veau ou des poissons peu cuits, du riz en différentes cuissons, des bouillons incroyables, beaucoup de légumes et pas une once de gras ?

Cette histoire de conditionnement m'a longtemps travaillé. Je me demandais quel serait mon goût s'il n'était pas conditionné. Pour en avoir le cœur net, ne suffirait-il pas de tout reprendre à zéro ?

C'est exactement ce que je fis en 1995.

Je me suis d'abord procuré plusieurs sortes d'abats (cervelle, foie, cœur…), que j'ai goûtés crus – c'est assez infâme, je vous l'accorde, mais au moins je sais à quoi ça ressemble ! –, puis je les ai poêlés, braisés, frits, cuits, sous-cuits, surcuits, cramés, brûlés… Pendant deux ans, j'ai réitéré l'expérience avec différents produits (légumes, herbes, fruits, chocolat, etc.). Repoussant chaque fois les limites un peu plus loin. Et, en définitive, j'ai réussi à déterminer ce que j'aimais, ce que je n'aimais pas, ou plus, et affirmé ma sensibilité.

Après tant d'années à explorer ce territoire du goût, j'ai compris aussi qu'il ne fallait pas laisser le sien nous mener par le bout du nez. Démonstration.

En 1998, j'assiste au repas que Xavier Array, l'un des anciens sous-chefs de La Table d'Anvers, a préparé pour fêter son départ de la Villa Medicis, à Rome. Époustouflé par la quinzaine de plats très créatifs qu'il a concoctés, je le complimente généreusement.

« Qu'avez-vous pensé de ma déclinaison sur l'amertume (gelée de bière brune, roquette sauvage, chicons) ? me demande-t-il.

— Je suis désolé, je n'ai pas aimé.

À l'époque, en effet, je détestais l'amertume.

Je le sens déçu, naturellement.

« Alors, quel est le plat qui vous a semblé le plus abouti, le plus équilibré ?

— La déclinaison sur l'amertume, dis-je sans l'ombre d'une hésitation.

— Je ne comprends pas... Vous venez de m'avouer que vous ne l'avez pas aimée !

— Xavier, le goût personnel est une chose ; l'harmonie d'un plat en est une autre. Il faut savoir prendre du recul et distinguer les deux. »

Mais alors, me direz-vous, comment faire pour qu'un gâteau soit parfaitement équilibré ? La réponse est plus facile à donner qu'à mettre en œuvre.

Chacune de ses parties – biscuit, croustillant, mousse, insert, que sais-je encore – doit être aussi gourmande qu'une pâte à tartiner. Si vous respectez cette règle d'or, quand vous mordrez dedans, son équilibre global vous procurera une émotion intense qui vous replongera illico en enfance.

Cela fonctionne sur quatre-vingt-quinze pour cent des gens. Peu importe leur nationalité ou leur culture. Un jour, j'ai même déstabilisé un Japonais en lui faisant déguster une croquette de haricot rouge avec du vinaigre balsamique.

«J'ai déjà mangé ça quand j'étais petit!» s'était-il aussitôt exclamé.

C'était impossible, bien entendu. En revanche, comme je le lui ai expliqué, il a probablement ressenti un plaisir similaire étant gamin.

J'ai vendu mes gâteaux à New York, au Japon, en Corée, en Chine, en France, au Portugal, à Londres. Partout, je dis bien partout, les best-sellers étaient le Paris-Brest et le «Grand cru vanille». Pourquoi? Tout simplement parce qu'ils sont blindés d'affect. Que l'on soit grand, petit, vieux, jeune, riche, pauvre, et quelle que soit notre origine, on y retrouve tous les gros câlins de notre maman (et/ou de notre papa). Souvenez-vous de *Ratatouille*, le dessin animé de Pixar!

Avec le praliné, même combat. S'il est bien dosé, pas trop sucré, difficile de résister à son pouvoir de séduction massif.

Afin d'éprouver cette théorie, je m'étais livré en 2001 à un test en aveugle.

À l'époque, tout en assurant mon poste chez Petrossian, je faisais du conseil pour la célèbre maison Peltier, que la société Takeshi

Kawamoto (son partenaire au Japon) avait rachetée après le décès de Lucien Peltier. Chargé de redonner un souffle à cette belle enseigne – mission que j'ai menée pendant deux ans et demi en France, puis jusqu'en 2009 au pays du Soleil levant –, j'avais notamment revisité une quarantaine de bonbons de chocolat. J'avais demandé que l'on introduise du praliné dans toutes les ganaches. J'ai ensuite invité chaque membre de l'équipe à choisir deux bonbons de chocolat, puis à se resservir de celui qu'il avait le plus apprécié. Le praliné fit l'unanimité, toutes nationalités confondues. Pourquoi ? Simplement parce qu'il a le goût de l'enfance…

En un mot comme en cent, pour qu'une pâtisserie soit réussie, elle doit procurer du plaisir. Et la chose n'est pas si courante, croyez-moi. Même les établissements dignes de ce nom peuvent rater le coche. L'exemple d'un millefeuille qui m'a récemment été servi à la brasserie d'un palace parisien dont je tairai pudiquement le nom est édifiant.

Bien qu'arborant un feuilletage impeccable, il se révéla trop sec à la coupe, et sa banale crème légère (chantilly ? mascarpone ?)

ne me disait rien qui vaille. Allait-il se rattraper en bouche ? Hélas, non.

Sa réalisation technique aurait bluffé n'importe quel Instagramer ou jury de compèt' mais, au palais, il ne suscitait aucune sensation – et je ne parle même pas d'émotion. Encéphalogramme plat. S'agissant du millefeuille, pâtisserie figurant au panthéon suprême de mes péchés mignons, d'aucuns me taxeront de partialité scélérate. Je jure devant saint Honoré qu'avec ce spécimen vous n'aviez aucune chance de grimper au rideau.

Conclusion : pour atteindre sa cible, il faut puiser la sensibilité là où elle se trouve, c'est-à-dire au niveau du palpitant. En pâtisserie, je vous le dis, la véritable précision ne dépend pas de la balance, mais du cœur.

Quand je crée, moi, je fais carrément l'amour au produit !

J'entends déjà les commentaires : une balance, ça sert tout de même à quelque chose, non ?

Absolument. À faire, à refaire et à faire faire. Sinon, comment voudriez-vous que l'équipe reproduise mes gâteaux en mon absence ? Il faut bien que j'arrive à quantifier mes émotions !

Décortiquer le goût a été un travail de longue haleine. Mais avec le recul, je constate que c'est en laissant parler mes envies et mes émotions que je suis resté libre. Cette liberté se sent dans mes gâteaux.

Lorsque de jeunes apprentis me demandent comment l'on devient un pâtissier accompli, je leur réponds toujours la même chose : quels que soient les obstacles, il faut se relever et se battre, ne jamais chercher à imiter les autres, faire preuve de curiosité, rester ouvert à trois cent quatre-vingt-dix degrés, humble en toutes circonstances, et, surtout – surtout ! –, mettre ce que l'on est dans ce que l'on fait.

« Quand j'étais enfant,
je dessinais comme Raphaël,
mais il m'a fallu toute une vie
pour apprendre à dessiner comme un enfant. »

Pablo Picasso

18 juin 2018. Voilà des jours que nous travaillons d'arrache-pied pour mettre la dernière pierre à l'édifice de ma nouvelle boutique, « Gâteaux d'émotion ». Excité comme une puce et incapable d'attendre son lancement officiel en septembre 2018, j'ai annoncé sur les réseaux sociaux que je ferai une préouverture. La gamme sera réduite. Seulement cinq gâteaux – galet chocolat-vanille, chouquette émotion pistache, tarte aux fruits rouges, tarte citron-sarrasin, tarte chocolat-praliné – et pas plus de cinq cents exemplaires.

Les dernières nuits ont été agitées. Et si le public n'était pas au rendez-vous ? Toujours ce satané manque de confiance en moi…

Lorsque j'aperçois une queue de soixante-dix mètres sur le trottoir de la rue de Varenne, mes craintes s'évanouissent instantanément. En quarante-cinq minutes, tout est vendu.

« Une haie d'honneur vous attend ! » m'annonce ma collaboratrice.

À peine ont-ils été servis que les gens refont la queue pour me serrer la main, me demander un selfie ou me dire « merci ». Une dame est même venue du Pérou avec un petit cadeau : une pâte de cacao locale, qu'elle a confectionnée exprès pour moi. Je suis ému. Plutôt que de découvrir seul ce goût qui m'est inconnu, je décide d'en faire profiter les participants au prochain atelier. Je leur proposerai alors de confectionner un chocolat chaud avec. Et leur fierté d'être les acteurs d'un instant si privilégié m'ira droit au cœur.

Viser l'excellence oblige naturellement à faire des choix. Oui, mes matières premières coûtent cher. À commencer par le sucre, à dix-sept euros le kilo – non raffiné, très parfumé –, qui entre dans la composition de quatre-vingt-dix pour cent de mes gâteaux. Mais la qualité a toujours un prix, et elle ne se discute pas. J'utilise des farines (exclusivement de la T45 et de la T65) issues de l'agriculture raisonnée, et toutes mes viennoiseries sont faites à partir d'un beurre AOC. Pas de compromis. Une viennoiserie, pour moi, ce doit être *Ratatouille* à chaque bouchée !

Aux purées de fruits, que je réserve aux glaçages, je préfère les fruits de saison de première qualité. Enfin, il va sans dire que je n'emploie que des colorants naturels, et je bannis conservateurs et additifs. Ce qui n'empêche pas mes « boule cakes » d'être toujours aussi moelleux au bout de quinze jours ! Le truc ? Un travail minutieux sur la matière et sur l'humidité.

À une cliente qui tiquait sur leur prix, j'ai répondu :

« L'idée du boule cake m'est venue en vingt secondes, mais il m'a fallu un mois et demi pour le finaliser. Son prix, c'est un mois et demi de mise au point et trente-six ans d'expérience. »

Si vous avez compris cela, vous avez compris qui je suis.

Informer, expliquer. Je ne connais rien de mieux pour éduquer le goût et lever les préjugés. Ceux qui me connaissent savent que je n'ai aucun tabou. Y compris vis-à-vis de mes clients. Une dame qui avait jugé hâtivement la couleur de mes cannelés peut en témoigner.

« Tu as vu, avait-elle dit à sa copine, ils sont un peu noirs, non ? »

Je ne pus m'empêcher d'intervenir.

« C'est normal, madame. Ce n'est pas un accident ! »

Un peu gênée de s'apercevoir de ma présence dans la boutique, l'intéressée vint me saluer.

« Je vais vous expliquer. En dehors du fait qu'à Bordeaux, berceau du cannelé, on a coutume de dire "Quand c'est noir, c'est cuit", je pousse au maximum leur cuisson afin qu'ils craquouillent et restent hyper fondants, quel que soit le moment de la journée où vous les achèterez. D'où leur aspect bien caramélisé. S'ils étaient brun clair, en l'espace de cinq minutes ils ressembleraient à du caoutchouc ! »

J'en ai coupé un devant elle et le lui ai fait goûter. Elle a été, je crois, définitivement convaincue.

Non, rien de rien ; non, je ne regrette rien. Je me suis rattrapé et, malgré les épreuves, j'ai conservé ma candeur d'enfant. Je crois que les gens le sentent, sinon d'où vient la tendresse débordante qu'ils me manifestent partout – en France, au Japon, en Corée. Jamais je n'aurais pensé susciter une telle vague d'amour.

Quand on me dit « Ce que l'on préfère chez vous, c'est vous ! », j'ai atteint mon but. Marie-Christine serait contente, elle qui m'a si souvent répété : « Vous verrez, Philippe, vous rendrez plein de gens heureux en leur faisant à manger ! Vous aimez tellement les autres… » Elle avait compris que ma seule et unique motivation consiste à donner du plaisir.

Depuis les années 1990, j'ai escaladé l'Everest au moins trois fois. Mais à part moi, qui le sait ? Au fond, si j'en suis arrivé là, c'est grâce à mon travail, à ma sensibilité, et peut-être aussi un peu à mon talent. Aujourd'hui, je peux dire sans forfanterie que j'ai le goût absolu – comme un musicien peut avoir l'oreille absolue. Rien qu'en lisant une carte de restaurant et sans connaître le chef, je sais à quel stade il en est dans son travail du goût ; si ce qu'il propose est équilibré ou non. C'est un peu comme une psychothérapie. Et je me trompe rarement.

En 1995, lors du premier tournage de « 52 sur la une », le réalisateur Patrick Charles-Messance m'avait demandé ce que j'attendais de cette aventure.

« Devenir un homme, lui avais-je répondu.

— Pourquoi ? s'était-il étonné. Vous n'en êtes pas un ?

— Si, mais… »

Comment lui expliquer que je voulais m'assumer à cent pour cent, avoir un enfant, etc. J'en étais très loin, puisque je n'avais pas encore décidé de quitter La Table d'Anvers…

Contrairement à beaucoup de pâtissiers de la jeune génération actuelle, dont le parcours est réglé comme du papier à musique, j'ai écrit seul ma partition. Sans rien sacrifier à la liberté. En refusant les propositions des étoilés, j'ignorais si j'allais m'en sortir. Je savais juste que je n'aurais jamais pu être chef dans un palace.

À vingt ans, je m'étais dit : « Quand tu auras cinquante piges, tu devras avoir réglé ton problème de poids, et réussi. » J'étais à dix mille lieues de penser qu'on me décernerait un jour les médailles de chevalier de l'ordre national du Mérite et des Arts et Lettres, que j'écrirais une quarantaine de livres, que j'aurais une rue à mon nom (à Mougins), que j'entrerais au *Petit Robert* et que j'obtiendrais la reconnaissance internationale.

Aujourd'hui, ma seule prison, ce sont mes kilos. En maigrissant, j'offrirais à Anne-Lise ce qui lui tient le plus à cœur : ma santé.

« Gâteaux d'émotion » représente une étape très importante, mais mon aboutissement ultime, c'est de voir ma fille s'envoler avec le maximum de confiance en elle, de tenir la main de ma femme aussi longtemps que possible, et de décortiquer les arcanes du goût dans un prochain livre. « C'est tout ? Et l'argent, alors ?, aurait ajouté mon père. Ton compte en banque devrait afficher des centaines de milliers d'euros, il en est loin ! »

L'argent ? Je m'en fiche, papa.

Je suis un homme riche au sens où l'entend le personnage de Frank Capra dans *La vie est belle* : c'est-à-dire de tout le bonheur qu'il donne aux gens. Tant qu'Anne-Lise et Chiara sont à l'abri du besoin, tout va bien. Le reste, je m'en moque. Je préfère faire des gâteaux. C'est plus important, et cela fait briller ma flamme.

POUR TOI, CHIARA

Souviens-toi de ce que je te disais, avant même tes premiers mots... Et toujours aujourd'hui.

Apprends la force et le courage que tu as en toi.

Apprends à dire ce que tu penses, et partage-le, mais sans jamais l'imposer.

Apprends à écouter et à comprendre que la richesse se trouve dans la différence. Quels que soient son âge, sa taille, son poids, son dialecte ou sa couleur de peau, l'autre a aussi sa façon de vivre et de penser. Respecte-la !

Apprends tout en donnant à celui qui peut beaucoup, et donne en apprenant à celui qui ne sait pas ou qui ne peut pas, mais n'attends jamais rien en retour.

Apprends à ne pas être égoïste, et à aimer d'amour ou d'amitié. Ainsi, tu ne connaîtras la solitude que si tu l'as choisie.

Apprends avec le temps, l'expérience, l'humilité, l'empathie, la compassion, et ne te prends jamais pour ce que tu n'es pas.

Apprends à te comprendre sans jamais te juger.

Apprends à reconnaître ceux qui te voudraient du mal en apprenant à ouvrir ton cœur, tes yeux et ton esprit.

Apprends que la gentillesse n'est pas une faiblesse. La faiblesse, c'est de l'offrir à ceux qui ne la méritent pas.

Apprends à avoir conscience, mais sans jamais être naïve. Alors la gentillesse et la bonté seront pour toi des forces, qui te permettront de gravir les monts et les montagnes de la vie.

Apprends à te méfier de l'attachement, car sans aucun recul il n'aura rien à voir avec l'amour.

Apprends que tes échecs sont des bienfaits, parce qu'ils t'apprendront à grandir et à devenir meilleure.

Apprends que la douleur, aussi forte soit-elle, ne doit jamais te faire baisser les bras.

Apprends à te forger un esprit fort, car un jour il peut arriver un malheur.

Apprends et découvre les religions, quelle que soit ta conception de Dieu.

Apprends que quand on croit savoir, on se méprend sur la vérité et sur soi-même.

Apprends à ne pas rêver ta vie, tu finirais malheureuse. Tu dois apprendre à vivre tes rêves.

Apprends à ne jamais oublier que tu as en toi la force d'être libre et le pouvoir d'être forte. Crois-le de tout ton cœur, de toutes tes forces. Car si tu penses que tu n'es pas capable d'oser, tu n'oseras pas ; et si tu penses que tu ne peux pas gagner, il est presque sûr que tu ne gagneras pas.

Apprends que les batailles de la vie ne vont pas toujours au plus fort ou au plus rapide, mais tôt ou tard elles vont vers le gagnant qui pense que tout est possible.

Apprends que le vrai courage, c'est de vaincre ses peurs.

Apprends à devenir ce que tu dois être, débarrasse-toi des conditionnements qui pourraient t'en empêcher.

Apprends à t'habiller de tes propres convictions, mais sans cesser de douter, car tu n'évoluerais plus.

Apprends dans toutes les circonstances à choisir, à assumer tes actes et tout ce que tu es. Tout cela fera de toi ce que tu deviendras.

Apprends à ne jamais oublier que personne ne peut t'empêcher d'être et de devenir.

Apprends à ne jamais faire tomber brutalement les barrières de la vie. Mais comprends que, si tu le veux, tu pourras toutes les ouvrir, sans exception, doucement et calmement.

Apprends à vivre pour donner de l'amour et, sans le chercher, tu seras la personne la plus riche.

Apprends et apprends encore, et tu trouveras ta place parmi les tiens, parmi les autres.

Apprends surtout à être heureuse, et plus encore à être libre. Car si la vie est temporaire, la liberté, elle, est éternelle.

Papa

Cet ouvrage a été achevé d'imprimer en décembre 2019
dans les ateliers de Normandie Roto Impression s.a.s.
61250 Lonrai
N° d'impression : 1905831

Imprimé en France
MO5915/02

MIXTE
Papier issu de
sources responsables
FSC® C003309
FSC
www.fsc.org

Les papiers utilisés dans cet ouvrage
sont issus de forêts responsablement gérées.